LINGUISTICS
WHY IT MATTERS

Geoffrey K. Pullum

人文社会科学为什么重要

语言学
为什么重要

〔英〕溥哲夫 著   吴迪 译

北京大学出版社
PEKING UNIVERSITY PRESS

著作权合同登记号 图字：01-2019-1105

图书在版编目（CIP）数据

语言学为什么重要 /（英）溥哲夫（Geoffrey K. Pullum）著；吴迪译. —北京：北京大学出版社，2022.7
（人文社会科学为什么重要）
ISBN 978-7-301-32986-3

Ⅰ. ①语… Ⅱ. ①溥… ②吴… Ⅲ. ①语言学 Ⅳ. ①H0

中国版本图书馆 CIP 数据核字（2022）第 087985 号

Linguistics: Why It Matters, by Geoffrey K. Pullum, first published in 2018 by Polity Press
© Geoffrey K. Pullum 2018
This edition is published by arrangement with Polity Press Ltd., Cambridge
Simplified Chinese Edition © 2022 Peking University Press
All Rights Reserved

本书简体中文版专有翻译出版权由 Polity Press 授予北京大学出版社

书　　　名	语言学为什么重要	
	YUYANXUE WEI SHENME ZHONGYAO	
著作责任者	〔英〕溥哲夫（Geoffrey K. Pullum）著　吴迪 译	
责任编辑	朱房煦	
标准书号	ISBN 978-7-301-32986-3	
出版发行	北京大学出版社	
地　　　址	北京市海淀区成府路 205 号　100871	
网　　　址	http://www.pup.cn　　新浪微博：@北京大学出版社	
电子信箱	zhufangxu@pup.cn	
电　　　话	邮购部 010-62752015　发行部 010-62750672	
	编辑部 010-62754382	
印　刷　者	北京中科印刷有限公司	
经　销　者	新华书店	
	890 毫米×1240 毫米　32 开本　6.375 印张　88 千字	
	2022 年 7 月第 1 版　2022 年 7 月第 1 次印刷	
定　　　价	48.00 元（精装）	

未经许可，不得以任何方式复制或抄袭本书之部分或全部内容。
版权所有，侵权必究
举报电话：010-62752024　电子信箱：fd@pup.pku.edu.cn
图书如有印装质量问题，请与出版部联系，电话：010-62756370

目录 CONTENTS

序　言　/ 001
前　言　/ 011

第一章　是什么使我们成为人类
- 语言是什么 / 005
- 世界上的语言 / 011
- 语言与语言习得之谜 / 017

第二章　句子是如何运作的
- 语法和语法恐惧症 / 029
- 为什么大多数语法都是错的 / 036
- 价值 500 万美元的语法错误 / 042

第三章　单词、含义和思想
- 各种各样的含义 / 057
- 许多表示雪的单词？ / 066
- 你的话语是否决定了你的世界 / 077
- 如何处理你听到的句子 / 079
- 心理语言学的运用 / 087

第四章
语言和社会生活
- 非标准的方言和受轻视的语言 / 097
- 社会语言学领域 / 099
- 可理解度的不对称性 / 106
- 大大小小的各种语言 / 109

第五章
能够理解人类的机器
- 搜索框里的文字 / 122
- 会神秘语言的聊天机器人？/ 126
- 机器问答会是什么样的 / 130
- 处理自然语言的需求 / 140
- 与机器人交谈 / 151
- 真正的自然语言处理将会涉及哪些方面 / 157

结　论　/ 167
延伸阅读资料　/ 170
索　引　/ 178

序　言

如何把人从动物中独立出来？不少名哲大家费了很多心思，提出了很多界定，好不容易有一个统一意见：人是唯一能够制造和使用工具的动物。直到 20 世纪 60 年代，"世界上最了解黑猩猩"的珍·古道尔（Jane Goodall）发现黑猩猩会把树枝做成钓竿获取白蚁为食物，她的导师英国古人类学家路易斯·利基（Louise Leaky）发出了那封著名的回信：现在我们面临重要的选择，要么接受黑猩猩是人，要么重新定义人，要么重新界定工具。学者们大多选择了重新定义人，然后，语言成了人类最后的领地，溥哲夫（Geoffrey K. Pullum）教授也是这么给《语言学为什么重要》开篇的,因为语言"使我们成为人类"。

然而,语言也并不比工具或者人更容易定义,索绪尔在《普通语言学教程》中就指出语言学在确立对象与定义上存在着种种困难,他的策略是"一开始就站在语言的阵地上",这也是溥哲夫教授采取的策略。他试图直接描述我们是如何运用语言的,以及我们在运用语言时跟动物使用沟通信号时的差异,以之来说明语言的独特之处;当然,从现有的情况而言,这些独特之处或许能把人类语言与动物沟通区分开来,比如说,我们在用语言思考时,或者在说出某些句子时,完全可以脱离具体的交际实况。这用霍凯特的设计特征来描述的话,其实是在说语言的易境性(displacement),也就是超越时空的性质,比如,我们可以用语言讲述过去的故事,谈论不可能存在于现实之中的幻想等。不过,现在对动物(鸟类、灵长类)的研究表明,很多动物其实有超时空的认知能力，比如，北美星鸦可以记住3000多个食物储藏点长达9个月之久，众多鸟类可以根据不同情形来规划自己的行动策略，猩猩可以为将来的行动准备工具等。带着这些问题来考虑语言的重要性及起源，我们或许还得回归到沟通上来，但人类语言与人类沟通一定有什么特殊的碰撞或者说共变，才造成了人类社会超出其他动物的发展。因此，着眼于丰富的各种语言，分析语言如何在人类社会中习得与传承，探讨各种语言展现出的组织特点，是解开这一谜团的必由之路；书中作者自己对OVS（宾-动-主）类型语言从怀疑到确认的过程展示了研究语言事实并保持开放心态的重要性。

这些年我花了一些时间来关注语文教育，发现语法在语文中的地位似乎变得很尴尬，通常有两种极端：一者认为每个人都会说自己的语言，不用教，随文提示一下即可；一者则认为语法是正确使用语言的标准，必须系统讲解，还得让学生记住这些标准。这两种极端都有问题,其根源在于对"语法"的认识。语法作为组词造句的规则,其实是人们在使用中逐渐约定俗成的,因此,语法并不是类似法律的规定。当溥哲夫教授讲到人们对语法的焦虑时,我不由地会心一笑:中外皆然嘛,而且英文教学可能比中文更甚,因此,英语在形态等方面要求更为烦琐,至少看起来是这样。作者认为:我们可以研究语言使用的行家是如何使用该语言的,弄清楚正确的规则是什么,而不是以相反的方向研究,即通过观察遵守从18世纪传下来的语法规则的严格程度来判定谁是语言行家。我完全赞成这一看法,从事英语教学、汉语教学或其他语言教学的人们都应认真思考一下这个问题,从而避免作者提到的可悲情形,即"教育考试行业已经存在着各种基于虚假的语法规则的测验,这些规则是被语法领域的'纯粹主义者'所夸大甚至直接生造出来的。倒霉的考生们需要在语法完美的句子中识别所谓的错误"。与此相应的,真实语境中语法与理解的关系则常常被忽略，直到造成"500万美元"的代价之后，语言使用者才想到亡羊补牢。作者提醒我们要有一个双向考虑的意识，即：一方面，如果写了y，多大程度上想表达x；另一方面，如果想表达x，多大程度上可能写y。这样，表达上才可能更严密，尤其是考虑法律条文时。

另一个与语言表达与理解密切相关的是词语的多种层面的含义。当我们讨论语言之间无法完全准确对译时，我们在谈论什么？事实上，如果真的是这样的话，那我们是怎么知道的呢？其实，这里我们限定了单词上的一对一，而这并不是必要的，因为不同的语言有不同的范畴化世界的方式，但世界则是共同的。说到这里，就一定要提到爱斯基摩人的"雪"和所谓的"萨丕尔－沃尔夫假说"。曾经有一种说法，说爱斯基摩人常年跟雪打交道，他们的语言中有几十种表示不同的雪的单词，甚至有人说上百种；很多人相信这是真的，并进一步推论了什么样的语言决定了有什么样的思想这一假说。

溥哲夫教授用"爱斯基摩词汇大骗局"来"表明我们的整个文化都在自欺欺人。这种由引用不同数字且高度相似的大量仿真虚假陈述所组成的现象,也许称为模因(meme)更为恰当"。他一针见血地指出了这一以讹传讹的说法得以长期存在的关键原因,而很多人津津乐道的"语言决定思维"其实只是"语言影响思维"。我的老师陈保亚教授很早就指出语言浇铸了思维轨迹,而思维轨迹又影响了文化精神。可见,准确地表达语言的作用比夸大其作用要重要得多。

世界上存在着几千种语言,这些语言都是人们用来交际的工具,它们之间本没有高低贵贱之分,但由于使用的人之间有社会地位上的差别,就造成了语言成分与社会因素的关联。拉波夫(William Labov)常被尊为社会语言学的开创者,但他本人并不赞同社会语言学这一名称。在他看来,语言是一个社会现象,必须存在于社会当中,因此,语言学也必须有其社会面向,而不只是一个可选的角度。当我们觉得某个语言变体糟糕或者难以理解时，更应该警惕的是我们对于该语言群体的认知和态度。中国是个多民族国家，有着丰富多彩的民族语言，不同的语言群体也有不同的历史发展过程，我们更应该充分了解语言与社会的关系，避免成见与偏见，从而实现社会团结与和谐。

很多人认为，21世纪是人工智能的世纪，大众在欢呼算法的发展，好像威力巨大的搜索引擎、神奇的大数据、高深莫测的深度学习等已经让我们处在机器能理解人类的前夜了。前不久，更是有美国谷歌公司的工程师布莱克发现，在与LaMDA智能程序聊天时，该程序表现出已经产生情感的迹象；但谷歌检测该程序后，认为没有证据能证明其已经拥有自主思维和情感。为什么该程序会被当作"人"来看待呢？部分研究者认为这只是人工智能程序模仿我们在网络上的用语和情感而已，而这个模仿让测试者信以为真。按照溥哲夫教授的看法，这个问题的根子在图灵那儿。图灵测试把智能问题转化成了一个沟通问题,但让普通人来判断自己是在与人还是与机器沟通则失之简单,因为一个简单的程序就足以乱真。在人工智能界有一句戏谑曾广为流传:每开除一个语言学家,识别率就上升一点。也就是,无论搜索、翻译还是理解,统计模型似乎更管用,这就造成了语法规则没有用,进而语言学就成了嘲弄的对象。如果抛开语言理解来发展人工智能,我们只能遗憾地说:道不同,不相与谋。回到最初始的问题,人与动物的根本区别在于语言,同样,人与机器的根本区别也在于语言,更具体地说,是自然语言与机器语言的区别。人工智能学界其实还有一句广为流传的说法:机器有多少智能,其背后就有多少人工。因此,在人工智能发展的每一步,语言学其实都有用武之地。

读溥哲夫教授的《语言学为什么重要》,就如同跟一位老朋友喝着下午茶聊天,谈论的都是平常的事、有趣的事，但背后却是发人深省的道理，虽然我们不见得同意这位老朋友的所有看法，但毫无疑问的是，这样的交流和沟通才是头脑风暴，在不经意间展示了语言学的神奇。

汪 锋

2022年6月20日于京西肖家河

前　言

本书讲述了科学地研究人类语言所具有的意义，以及这种研究对于更广泛领域的重要性。与此相关的科学研究被称为语言学（linguistics），但我想更广义地诠释这一概念，使其涵盖语言结构从实际应用问题到抽象数理分析的方方面面，并包括语音学和语用学等研究领域，以及心理语言学和社会语言学等混合学科。有时，我在讨论语言学时会用复数形式，所指的就是语言科学（linguistic sciences）。

语言学不同于对特定语言或文学著作的研究。一些语言学家在学习和使用外语方面的确颇具天赋（懂得语言学实际上对此很有帮助),但语言学并不是对语言的学习、使用或者翻译。语言学是对语言的本质获得一般理论性的理解,以及找到用来分析和描述语言的方法。

与许多语言学类书籍不同,我并未打算在这本薄薄的书中对语言学进行任何形式的介绍。我想要做的只是探讨几个话题,而在我看来,这些话题可以明确地展示出语言学不仅在学术领域里妙趣横生,更在实际应用中举足轻重。我在本书中已经尽自己所能,但我敢肯定,基本上很难找到一位同行对于我选择的这些讨论话题表示百分之百认同。你大可去同遇到的任何一位语言学家聊天,问他们会选择哪些话题放入书中,就会知道我所言非虚。

语言学是一门年轻的学科。它作为大学学术体系中的一门成熟学科的历史,仅能追溯到第二次世界大战开始之前。英国语言学协会(The Linguistics Association of Great Britain)直到1959年才成立,而美国语言学协会

(The Linguistic Society of America）只早诞生35年。在英国最近的（教育）改革之前，语言学从未在中学教育中出现。就算是英国的大学，也是到了1965年后才开设了语言学的本科课程。许多受过良好教育的人对此学科几乎一无所知。如果这本书能够在某种程度上鼓励人们考虑在上大学时学习语言学，或者起码去听一堂课，我就倍感欣慰了。

在20世纪60年代后期，语言学成为约克大学的本科科目之一，我也因此幸运地了解到何为语言学。在约克大学攻读学士学位时所修的语言学课程，是我在学术之路上找到乐趣并获得满足的起点。在做了5年的摇滚乐手之后，我选择将语言学作为我的毕生事业，而且对此从未有过一丝后悔。我至今仍认为，语言科学对社会有着重要意义，但它的重要性却普遍被人们忽略了。

在爱丁堡大学继续学习语言学期间，我有幸获得了同事们的大力帮助。许多人都曾对我伸出援手，但在此我要特别感谢梅琳达·伍德（Melinda Wood）提供了有关夏威夷语的信息，杰里·塞多克（Jerry Sadock）提供了本书第三章中关于格陵兰地区因纽特人的资料，丽贝卡·惠勒（Rebecca Wheeler）为第四章提供了意见和参考文献，以及马克·斯蒂德曼（Mark Steedman）为第五章贡献了富有成效的讨论和不少生动的案例。此外，我由衷感谢贾斯廷·戴尔（Justin Dyer）对书稿进行了专业且卓有成效的编辑，也感谢吉姆·唐纳森（Jim Donaldson）帮忙审校。

在这本小书中，我无法呈现完整详尽的背景资料和参考书目，因此在书的最后标注了一些关键论点的来源；而有关其他话题的详细信息，通过网络搜索一般都能轻松找到。但是如果你无法找到所需的一手资料，可以给我的邮箱linguistics@politybooks.com发送电子邮件。

第一章

是什么使我们成为人类

* * *

如果有来自外星的动物学家观察这几十万年来生活在地球上的野生动物，他们很可能会感到困惑不解。几百万年前出现的这种长相奇怪、皮肤柔软、几乎无毛的灵长类动物，乍一看在进化上毫无优势可言，但后来却表现得尤为出色。尽管缺乏其他动物具备的尖牙、利爪或保护壳来确保自身安全，他们却仍然蓬勃发展，还学会了这个星球上的其他生物从未有过的技能和行为。他们生活在有组织的社会群体中，懂得取火和用火，以在夜间保持温暖、威慑捕食者和烹饪食物；他们会计划和组织协作狩猎，还能制造工具和武器，有时也借助其他工具；他们还发展出了一套诸如照顾病人和埋葬死者的做法。

后来，他们愈发雄心勃勃地探索这个星球，直至足迹遍布整个非洲大陆，以及巨大的欧亚大陆的东部和北部。安布鲁斯·毕尔斯（Ambrose Bierce）曾调侃道（其时 20 世纪的两场世界大战还未发生），虽然人类似乎沉迷于毁灭自己的同类以及其他物种，但仍然"以引人注目的飞快速度繁殖扩散，侵占了地球上所有可居住的地方（包括加拿大）"。人类一代代繁衍生息，愈发擅长于制作复杂的工具、武器、装饰品、绘画、雕塑、衣服和船只。他们找到了一种传承知识与技能的新方法，完全超越了生物学上依靠基因遗传来传递物理特性的方法。我们不确定这种新方法是何时产生的：可能是 10 万或 20 万年前，也可能是好几十万年前，但也许在史前某一段时期，智人（Homo sapiens）[或者很可能是其直系祖先的直立人（Homo erectus）]已经发展出了语言。

如今，地球上大约有 70 亿人。我们拥有其他生物无法匹敌的力量，足以改变或者说是破坏这个星球对生命的承载力，就这一点来说，我们是地球上最重要的生物。其他物种的生物尽管可以做各种各样聪明的事情，还通过多种方式来改变它们的居住环境，但都无法与人类相匹敌。人类的思想、行为、技术和环境改造，复杂性与其他生物完全不在一个层面。

人类相对于其他物种的独特之处，都直接或间接地依赖于人类使用语言的特殊能力。如果认为有必要了解人类的特征及其缘由，对语言能力进行科学的理解就至关重要。致力于实现这种理解的科学领域，就是语言学。

语言是什么

我所指的"语言"(language)究竟是什么呢？从某种意义上说，语言学长期致力于通过提供关于人类语言的本质、共同点和不同点的完整理论,来回答何为语言这一问题。打一个粗略的比方,人类语言是一种结构化的系统,可以使头脑中交织的想法充分地在内部(心理上)和外部(以他人可感知的形式)表达出来。语言学研究的就是这类系统中所有的组成部分,以及它们的运行方式。

人们常常认为"语言"和"沟通"(communication)是一样的,然而在这本书中,二者绝不能等同。之所以存在如此明显的区分,是因为它们在对方不存在的情况下依旧可以发生。大多数的沟通,甚至包括人与人之间的沟通,都是与语言无关的(比如皱眉头、眨眼睛、耸肩膀、咧嘴笑、抬眉毛、爱抚或者瞪眼),其中有一些甚至是无意识的(比如脸红、踌躇、颤抖)。反过来看,我们在使用语言时,很多时候也并不涉及任何真正意义上的沟通。比如,默默地计划一个永远不会发表的演讲,或者检查文档中的措辞错误,抑或是安静地思考 *likely*

（或许）的含义是否与 *probable*（可能的）完全相同。

所有动物都会交流，但只有人类才会使用本书所指的语言。这并不意味着我不赞成谈论音乐语言、花卉语言、艺术语言或建筑语言，只是当我们一旦开始讨论"语言"时，便应该忽略这一术语的比喻引申义，因为这些引申义只会让概念变得更加混淆不清。因此，当我谈论语言时，所指代的永远不会是协奏曲、康乃馨、拼贴画或是圆屋顶。

现在，让我对语言进行更具体一点的阐释。语言学家所研究的系统，以独立于媒介的方式，将几乎无限数量的句子含义（任意复杂的思想）连接到外部的实现方式（一个给定的句子能够以书面或口头形式呈现）。因此，语言学家的研究主题涵盖从语音发音的方式（语音学）到如何在语境中使用有意义的句子来传达隐含的意思（语用学）的方方面面。句子可以用来指示、询问、劝告或是表达情感，至关重要的还有，句子可以表达主张（无论是真是假),并且不仅可以用于外部的沟通交流或社交互动,还可以用于内部的推理论证。

请思考 Everybody seems to be leaving(每个人似乎都打算离开)这一特定的句子。你不需要大声读出来,可以默默思考,还可以从句子内部分析清楚其逻辑后果。例如,它暗示着显然没有人计划留下来,它让人有理由认为这个地方很快将空无一人。你可以大声读出这个句子,使其能够被听见,或者写下这个句子(用小写字母或大写字母,或者用莫尔斯电码来表示),使其能够被看见,但你不是必须这样做。无论如何,它依旧是一个句子。关键是,**即使没有身处这个句子所描述的真实情景之中,你也可以做上述一件或所有事情**。并不是当每个人确实似乎要离开时,这个句子才会不由自主地出现在你的嘴边。无论这句话此时此刻正确与否,你都能够思考这句话并掌握其含义。

没有任何迹象显示其他动物有能力做到此类事情。

人们不止一次发现，（从猴子到草原土拨鼠在内的）动物会在发现天敌时发出警告声，而且会针对不同类型的捕食者发出不同的声音。比如，一种叫声是代表地上的蛇，另一种叫声则是指空中的老鹰，等等。但是，它们只在发现捕食者时才会不由自主地发出警告声，在其他情况下则从不使用这些呼号。这与使用人类语言的我们所能做的事情完全不同。即使附近没有任何鹰或蛇，你依旧可以大声说出自己认为鹰蛇之斗中哪一方将会获胜。猴子可无法做到这一点。

这并不是说动物缺乏智力。尤其是犬类，它们具有极佳的社交能力，比任何其他动物都擅长运用智力来试图弄清楚人类正在关注什么以及可能正在计划什么。它们还拥有令人钦佩的记忆力。一只名为瑞可（Rico，1994—2004）的边境牧羊犬在接受训练之后，能够从约200种有着特定名称的玩具中根据命令取来相应的玩具。事实上，如果听到一个不熟悉的玩具名，如"把 glimp 拿过来！"（Fetch the glimp！），瑞可会跑过去并叼来一个之前未命名的玩具（如果有的话），并假定新单词"glimp"是这个玩具的名字[这显然是一种单词学习行为，称为"快速映射"（fast mapping）]。

然而，这完全是集中训练和提供奖励的结果。瑞可只是在回应其主人发出的取物命令，而且仅仅以跑过去将命名的玩具拿来的方式对命令做出响应。这一切都具有即时性，且以任务为基础。正如心理语言学家保罗·布鲁姆（Paul Bloom）所说，人类可以通过其他方式使用诸如 *sock*（袜子）这样的名词，而不仅仅是跑到卧室去取一只袜子以获得作为奖励的零食。例如，人类可以抱怨弄丢了一只袜子，或是询问是否该出去买一些袜子。这种词汇使用法只属于人类的领域。同时，它只是语言学所试图理解的人类的诸多能力中的一小部分。

世界上的语言

目前,人类正在使用着大约7000种不同的语言。我之所以说"大约",是因为获得精确的数字是不可能的。两种形式略有不同的同一种语言,和两种截然不同但密切相关的语言之间,在科学上并没有明显区别。只有在从社会和政治事实中划出合适界限的情况下,才能将它们明确区分。

由于比利时和荷兰是两个不同的国家,我们把弗拉芒语(Flemish)和荷兰语(Dutch)划分为不同的语言,尽管这两种语言非常相似。在我们的想象中,荷兰与德国的边境线两侧的人们说着不同的语言,实际上两国边境乡村的方言几乎没有什么区别。乌尔都语(Urdu)和印地语(Hindi)的日常用语除了微小的发音差异,几乎完全相同(尽管它们的学术词汇和文化特定的词汇有所不同),但巴基斯坦人和印度人都非常坚定地认为这两种语言是不同的语言。这意味着我们可能会多算语言数量。

但是另一方面，我们可能会出现漏算语言数量的情况。人们以为低地苏格兰语（lowland Scots）只是带有苏格兰口音的英语，但语言学家通常认为，苏格兰语（Scots）和英语（English）是不同的语言。粗略地看，似乎在意大利所说的语言就是意大利语（Italian），但仔细研究后可以发现，其实它包含八种或九种密切相关但有所不同的罗曼语系语言（Romance languages）。即使在米兰和热那亚语言形式都不尽相同，更不用说在威尼斯和巴勒莫了。

因此，说一个人正在使用一种人类语言是没有歧义的，但是说一个人正在使用的语言与另一个人的不同则不够清晰明了。后一句话本质上是模糊的。然而，如果我们假设上述的计数不足和计数过多可以大致相互抵消，那么 7000 很可能是语言的合理数量。

然而，如果将这 7000 种语言平均分配给 70 亿人，那么每种语言都有大约100万人在使用。但实际情况是，各种语言的使用人数是非常不均衡的。

英语的使用人数高达10亿至20亿人：世界上有4亿人将其作为母语，超过10亿人将其作为第二语言或经常使用的外语。然而，世界上还有成千种语言（尤其是在澳大利亚、美洲和太平洋地区）正处于灭绝的边缘，只有为数不多的老人还在说这些语言。

语言的灭绝之所以令人担忧，是因为语言和物种一样，在消亡之后都无法复活。等到你想要一睹渡渡鸟或者袋狼的风采时，却发现为时已晚。同样的，你也不会再有机会听到加利利阿拉姆语（Galilean Aramaic，耶稣使用的语言）或平原阿帕切印第安语（Plains Apache Indians）这两种语言，因为地球上已经没有说这些语言的母语人士了。语言灭绝的步伐十分迅速而且不断加快。现在，从一种语言灭绝到下一种语言消失的平均时间为两周左右。

语言学为传统社会服务的其中一种方式,就是推动和协助语言复兴工作。例如,在某个时期,夏威夷语(Hawaiian)濒临灭绝。只有在一个名叫尼豪岛(Ni'ihau)的与世隔绝的小岛上,夏威夷语才是每个人在日常生活中使用的语言。尼豪岛是罗宾逊(Robinsons)家族的财产,他们一直鼓励对夏威夷语言和文化的保护。这个岛上人口数量时有波动,但从来没有超过几十人。他们经常会前往考艾岛(Kaua'i)旅游,那个岛上有广播和电视,而且每个人都说英语。在2000年左右,整个夏威夷州只有0.1%的人使用夏威夷语。

然而,在过去的二三十年间,夏威夷州的其他岛屿已经发生了显著变化。在20世纪70年代和80年代,语言学家塞缪尔·埃尔伯特(Samuel Elbert)和玛格丽特·卡温纳·普奎依(Margaret Kawena Pukui)编写了出色的夏威夷语语法和词典。人们逐渐接受通过夏威夷语来教育儿童,并在每日广播中加入夏威夷语的新闻广播。如今，夏威夷州有成千上万的人正在学习并经常使用夏威夷语；还有大量的儿童在夏威夷语沉浸式学校完成了十二年制小学和中学教育；甚至连夏威夷大学都已经改变其规定，允许使用夏威夷语提交博士论文。

夏威夷语的故事也可能是另一种结局，因为成功复活一种垂死的语言实在是非同寻常的。人们有时会将几乎灭绝的中世纪希伯来语（Medieval Hebrew）复兴形成现代希伯来语（Modern Hebrew）描述为唯一一个真正成功的案例。最新的康沃尔语（Cornish，自 18 世纪后灭绝）和马恩岛语 [Manx，自 1974 年奈德·玛爵尔（Ned Maddrell）去世后灭绝] 复兴运动参加者寥寥无几，政府对爱尔兰语（Irish）和威尔士语（Welsh）等其他凯尔特语言的支持也并没有使得使用这些语言的人数明显增加。然而，许多语言学家都对帮助复兴这些语言感兴趣，并提供自己宝贵的专业知识。

语言学在两个方向上与语言灭绝的问题紧密相连。

其一，语言科学家想要研究人类语言能力的全部可能性，其唯一途径是对所有能获取的语言的例子做出透彻的理解。随着每一种语言的消失，一些信息将会变得永不可知。因此，保护语言免遭灭绝对于语言学学科的重要性，不亚于保存手稿对于文学研究的重要性。其二，从另一方面来说，语言的灭绝也为语言学增添了新的重要意义：只有通过语言学所发展的技术，人们才能理解以前未研究或未描述的某种语言的结构，从而确保对其属性的理解不会在人类社会中永远消亡。

我们有足够的理由去对世界上的语言做出详细、客观和科学的理解，所有语言都是至关重要的，无论它是拥有数亿使用者并且受到了充分研究，还是仅仅只有一小部分人在使用。

语言与语言习得之谜

语言并非都拥有相同的模式。它们是多种多样的，在许多不同方面都表现出巨大的差异，而这些方面必须以不尽相同的方式进行研究。具体而言，我们必须区分：

• 语音学（phonetics）（语言发音的产生、感知及其声学特性）；

• 音系学（phonology）（特定语言的声音系统——某些语言只使用十几个辅音和元音，而其他语言则使用数百种辅音和元音）；

• 形态学（morphology）（词语的结构——某些语言使用简单的单音节词序列，而其他语言则构建出复杂结构和意义的词汇）；

• 句法学（syntax）（将词语组合成短语和句子的方式——形态学和句法学通常被合称为语法）；

• 语义学（semantics）（字面意义的系统表达）；

- 语用学（pragmatics）（通过在特定语境中说出句子来传达意义）。

让我举一个句法学的例子。对于一个讲英语或法语的人来说，如果打算用三个单词简单描述须鲸的饮食习惯，你会首先指出主动参与者[鲸鱼（whales）]，然后是它们要做什么[吃（eat）]，接着是它们会对什么做这件事[磷虾（krill）]。于是你会这样表述：*Whales eat krill*（鲸鱼吃磷虾）。在这里，你使用的是 SVO 语序，即"主语－谓语－宾语"（Subject-Verb-Object）的顺序。你甚至可能会认为，这是植根于大脑中的一种组织事物的方式（18 世纪的一些法国哲学家持有该观点）。但是，句法学研究已经逐渐削弱了这种观点。

首先，在日语（Japanese）、蒙古语（Mongolian）、印地语和土耳其语（Turkish）等数千种语言中，动词通常位于从句的末尾，即它们默认使用 SOV（主宾谓）的语序。相对于 SVO（主谓宾）语言来说，SOV 语言的数量所占比例更大。

还有其他数百种语言［例如爱尔兰语、夏威夷语和古阿拉伯语（Classical Arabic）］通常使用VSO（谓主宾）语序。

上述事实并没有排除每种人类语言都倾向于将主语置于宾语之前的可能性。然而，这种可能性也并非事实。马达加斯加岛的马尔加什语（Malagasy）和太平洋诸岛上的许多语言，以及墨西哥的佐齐尔语（Tzotzil）和很多其他玛雅语系语言（Mayan languages），通常使用的是VOS（谓宾主）语序。

世界上是否存在从句的默认语序是宾语在首位的语言呢？1976年时，我还相信这个问题的答案是否定的。我发现，即使有几种号称是OVS（宾谓主）语序的语言，也很容易被证伪。我曾在英国伦敦大学学院做讲座时表达了这种观点，然后，一位刚刚成为博士生的中年男子举起手来，说他觉得自己知道一种OVS语序的语言。我告诉他,我几乎可以肯定,这也是一种 SOV 语言,只不过这种语言中的主语有时会因文体原因而被后置,但稍后我们可以继续讨论。后来我和他的确讨论了,而且他成功地让我相信他是对的,我是错的。

这位博士生名为德斯蒙德·德比希尔(Desmond Derbyshire)。他当时是英国达林顿的一名年轻会计师,前往圭亚那拜访他的传教士朋友;结果由于考虑不周,他在徒步旅行时迷失在热带森林中。在独自待在森林里的那一晚,他向上帝祈祷并保证,如果自己能活下来,他将会像他的朋友一样,终生奉献于传教和圣经翻译事业。当时,他本可能会被美洲虎袭击和吃掉,但命运眷顾了他。到了早上,他设法找到了河流,并且很快获救了(在南美丛林中,河流就相当于主干道)。

他遵守了自己许下的承诺,在暑期语言学校(Summer Institute of Linguistics)接受传教语言学培训,与威克里夫圣经翻译会(Wycliffe Bible Translators)签约,并被派往居住着（仅约一百多名）巴西印第安人群落的村庄工作。那里的村民使用一种名为希卡利亚纳语（Hixkaryana）的语言，语言学家对这种语言几乎一无所知。早在我遇见他之前，他就已经很好地学习了这种语言，不仅为其做了一张字母表，还在母语人士的帮助下将整本《新约》（*New Testament*）翻译成了这种语言。因此，我们得以将他的翻译作为证据来检验（这种语言的语序）。果然，100%的及物从句（动词后跟着宾语的从句）都是OVS语序。在他录制和转录的母语人士的故事和回忆录中也是如此。在希卡利亚纳语中，"jaguar"（美洲虎）对应的词是*kamara*，表示"ate"（eat的过去式，曾经吃）或"used to eat"（过去常吃）的词是*yonoye*，而"person"（人）或"people"（人们）则用*toto*来表示。然而，"Jaguars used to eat people"（美洲虎过去吃人）的翻译是*Toto yonoye kamara*。

德比希尔后来成为我所认识的最优秀的学者之一。

他以希卡利亚纳语和与其密切相似的语言的句法为主题写了自己的博士论文。我们共同联系了南美洲的其他传教士，并研究了被遗忘的人类学文献，随后发现了证据证明存在十几种或更多的OVS语言，甚至确定了几种OSV（宾主谓）语言。这对我来说是完全的意外，是对我曾经公开宣布的理念的反驳，但这就是科学进步的方式：我通过清楚地说明我所认为的真相，使得德比希尔认识到他在巴西丛林长期从事的工作中存在一些理论上值得人们注意的东西；同时，我敞开心胸去迎接那些证明我的理念可能是错误的证据，使得我能够和他共同发现一些非常新颖的事物。我们已经确定，主语、宾语和动词有六个逻辑上可能的排列顺序（即SVO、SOV、OSV、OVS、VSO、VOS），它们全都至少在某些语言中以正常的标准语序出现。关于所有人类都是以SVO语序为天生思考方式的这一想法，如今看来是毫无道理的。

这些发现提出了一个科学难题：为什么全世界的人

类语言极其多样，而少年儿童却能轻易掌握这些语言？人类婴儿在出生之前肯定以某种方式为这项任务提前做好了准备，而且这种方式与其他任何物种的幼崽都不同。然而，人类婴儿是如何获得与特定语言有关的天生能力的，仍是一个至今未解的关键问题。

想要解决这个问题，我们需要对尽可能多的语言进行明确的描述：识别语言中使用的语音；了解它们是如何在语言的发音模式中分布的；选定其语言表达可以被明确转录的方式（世界上有成千上万种语言没有书写文字的传统，因此没有字母表）；确定词及其含义和内部结构；找出词组合成短语和句子的原则；以及阐明这些句子与含义相关的系统方式。要完成某一种语言的所有上述工作，甚至只是涉及皮毛，所需要的时间也不是数月，而是数年。德比希尔研究希卡利亚纳语三十多年。成千上万的学者在几个世纪以来始终致力于希腊语（Greek）、拉丁语（Latin）和英语等语言的研究，至今仍不断有新发现。

对世界上的各种语言进行描述,并且发展出一套理解其如何运作以及被婴儿习得的理论,不仅仅是例行的记录归档工作,而且是一项基础的科学研究。但是,它还具有非常重要的潜在用途,我将在本书接下来的部分中进行解释。

第二章

句子是如何运作的

* * *

"词语皆有后果。"哈罗德·埃文斯爵士(Sir Harold Evans)在他所著的《我说清楚了吗?》(*Do I Make Myself Clear?*)一书中说道。人们经常这样说,仿佛词语本身能够产生影响或对我们做些什么。然而,这个主张是站不住脚的。思考一下:*incomparability*(不可比性)会有什么后果呢? *magnify*(放大)或者 *despite*(尽管)呢?

这一说法听起来好像是词语本身在起作用,事实上,人们似乎经常认为语言不过是一大堆词语,但事实是,任何语言使用的后果都来自言语(untterance),在特定情况下来自更复杂的实体,即句子(sentences)。句子是由各种词语以特定方式排列而形成的。懂得一门语言的词汇，却不懂得语音或语法，几乎是无用的。事实上，句子中使用的特定词语所起的作用非常有限。一个人所说的 *Bring me my faithful dog*（把我那条可靠的狗带来），不难用另一种方式表述出来且不使用任何与之前相同的词语：*Fetch that trusty hound of mine*（将吾之忠犬牵至此处）。

关于词语你真正可以说的是，在某个特定语境中使用句子时，选择一个词而非另一个词组成句子会产生相应的后果。但是，将人类的认知能力与所有其他生物的认知能力区分开来的关键，在于句法学（句子的结构）、语义学（句子的字面意义）和语用学（话语意义在语境中的传达）中包含的原则。研究这些原则是理论语言学的核心子部分，也是一项令人着迷但又困难而重要的任务。本章关注的是传统意义上，即约两千年以来被称为语法的那一部分。

语法和语法恐惧症

奇怪的是，在非语言学家面前提到语法，会引起他们强烈的负面情绪或敌意。提醒别人注意自己手部的骨骼结构，并不会让他们感到难堪；但是一旦提到他们使用的句子结构，就会使他们变得烦躁不安，好像受到了批评似的。随着语言科学进入大众视野，这种情形显然变得越发离谱。

这里需要注意的是，语言学家使用"语法"（grammar）一词时至少有两种方式：（i）指代给定语言中的句子所具有的结构性质和组织，以及（ii）指代语言学家对这些性质所作的描述。

这种模棱两可并不是坏事。有时候我会说"英语语法"（the grammar of English），指的是英语句子在实际中所具有的结构，也就是语法学家试图揭示和明确描述的结构，如英语使用 SVO 作为默认语序。从这个意义上来讲，英语一直以来都有语法，而且将来还会有语法。若干个世纪以来，英语都在缓慢地变化着（一千年以前，英语的句型结构主要是 SOV），但这仅仅意味着其结构在不断演变。我想表达的是，在任何特定的发展阶段，语法本身并没有好坏之分，只是语法而已。

但有时我也会说制定或编写"一套英语语法"(a grammar of English)，指的是对于该语言的句子中固有结构的一种描述或理论。从这个意义上讲，在公元1400年之前，英语语法是不存在的。没有人尝试着编写一套语法，直到1586年，一位名叫威廉·布洛卡（William Bullokar）的印刷工进行了初步尝试。他严格地参照了威廉·李利（William Lily）在同一世纪早期出版的（也是首个用英文写作的）拉丁语法模型。布洛卡试图将英语句子相对于拉丁语或任何其他语言的句子所遵守的一系列原则写下来。这项工作的执行情况有好有坏：从这个意义上说，有些语法是好的，有些则不然。

事实上，当英语使用者的习惯用法和英语语法相悖时，语法中的表述经常会被误解。那些并非语言学家的人似乎觉得，语法规则是由不受质疑的神圣权威制定的。他们好像还认为，这些规则包含在一个列举各种简单法令的短小清单中，而且这个清单可以在书籍中的某一处找到，上面写着类似于"总是要做X"或者"绝对不做Y"的箴言。这些人坚信，语法规则在日常会话中大多被忽略了。换句话说，他们认为，语法类似于打开新电锯的包装时在用户使用指南中找到的规则性说明和警告：使用前摘掉锯套；保持链条充分润滑；每次都要戴安全护目镜；电机运转时禁止触摸链条；不要站在你正在切割的树枝的正下方；诸如此类。语法和这种说明的唯一不同只是没有关于个人安全方面的规则。难怪他们会认为语法无聊至极而且毫无意义。

受过教育的人通常对于自己学习过的一些语法规则有着模糊的记忆，但他们的这种记忆往往是相当不可靠的。比如说：以介词作为句子的结束或以连词作为句子的开始是不恰当的；在有些情况下不应该使用 *me*（I 的宾格），在有的情况下应该使用 *whom*（who 的宾格）。没过多久，他们就说不出更多的内容了。

纠结于这些几乎被遗忘的语法教学碎片的记忆，意味着他们存在明显的不安感。当我不小心把自己的学术工作包括研究英语语法这件事透露给陌生人时，往往会听见他们说："啊，我的语法很糟糕。"或者："喔，那我最好注意自己说的话!"——好像我马上要开始挑剔他们的说话方式，或者绝对会看轻他们似的。这种在语言方面缺乏自尊的情况，是失败的语言教学所导致的悲惨后果。不合格的英语教师可能会试图强迫学生改变他们从小到大所说的丰富多样的英语，但语言学家不会这么做。虽然一些说英语的人遵循的规则与其他人的略有不同，但语言学家并不认为一个人有权利指摘他人的说话方式"有错误"。

我常常试图指出，鸟类学家并不会对鸟类进行批判，比如谴责企鹅太懒，无法飞行。同样地，语言学家并不会仅仅因为法语普遍将形容词放在名词之后而不是之前（如白葡萄酒在法语中是 *vin blanc*，在英语中是 *white wine*），就对这种语言指指点点。所以语言学家也不会根据你说 *if I were you* 还是 *if I was you*（这两种说法都被人们广泛使用）来判断你的价值。

强调这种观点的麻烦在于，人们经常会将其错误地解读为放松约束和降低标准的标志。我就曾被人指责是在认为"只要你让别人理解，怎么说都行"，但其实我不相信这一类的言论。我认为，语言学家有责任不去谴责他们所看到的和听到的内容，而是通过捕捉流利使用该语言的人在构造句子时通常采用的规律，来构造对英语（或任何语言）的描述。

语言学家真正感兴趣的是**找到给定语言中实际的语法限制**，可是人们却很难意识到这一点。如果段落的开头使用并列连接词（coordinator）或连词（conjunctions），即类似 *and*（和）、*or*（或者）、*but*（但是）或者 *nor*（也不）这样的词，语言学家会说这样是"语法上可行的"（grammatical）做法。他们的意思并不是说，这样违反了某条规则，但他们会像警察抓到你在限速 30 英里每小时的街道上以 34 英里每小时的速度开车一样，给你一个警告然后就放你走。他们的意思是，这并没有违反英语中任何准确的语法规则。

英语老师可能有理由去鼓励学生尝试写一些不以 *and*（而且）开头的句子（也许是为了让他们尝试一些合并句子的新方法），但是他们不应该说存在禁止这样做的规则，因为这并不符合事实。这方面的证据是无可辩驳的。正确的规则是那些经验丰富的语言使用者所遵循的规则（不包括他们因为无心之举而偶然犯的错误）。

那么，你认为哪位有经验的写作者的文字具有代表性呢？亚瑟·柯南·道尔爵士（Sir Arthur Conan Doyle）

算得上有经验吗？《巴斯克维尔猎犬》(*The Hound of the Baskervilles*) 中的第 11 句的首个单词是 *but*（但是），第 12 句则以 *and*（而且）开头。那么 H. G. 威尔斯（H. G. Wells）呢？《世界之战》(*The War of the Worlds*) 中第 8 句的开头就是 *and*（而且）。如果你想从著名和优秀的文学作品中找到更多案例，我可以在午餐时间到来之前准备好一份报告。

我想表明的观点是，我们可以研究语言使用的行家是如何使用该语言的，弄清楚正确的规则是什么，而不是以相反的方向研究，即通过观察遵守从 18 世纪传下来的语法规则的严格程度来判定谁是语言行家。

在 20 世纪，美国语言学家齐心协力地想要去改变人们关于如何学习语法的想法。许多语言学家在研究美洲印第安语的过程中观察到了刷新观念的事实，并且因此受到鼓舞，努力去用新的眼光来看待英语。他们反驳了陈旧的谬见，进行了全新的概括，并意识到很多所谓标准的英语语法教学其实几乎没有价值：那些声称陈述语法规则的书籍根本没有把握住语言的真正结构。可惜的是，到目前为止，这些语言学家的研究工作对公众的理解几乎没有造成实质影响。

为什么大多数语法都是错的

对于一种语言的语法的论断，可能有三种不同情况的错误：（i）语言已经发生改变，（ii）自身偏见掩盖了对事实的认知，或者（iii）错误的分析使得对事实的描述模糊不清。

诚然，语言的改变的确可能使之前的语法概括失效，但实际上（ii）或者（iii）比（i）更值得注意。许多人似乎都不以为然：当我向非语言学家的人谈到，从事英语语法工作涉及一些深层次的难点问题时，人们经常会说："啊，对呀，嗯，毕竟它一直在变化，不是吗？"听起来，语法研究之所以如此麻烦，似乎是因为它描述的事物是不断变化的。语言确实在不断变化和发展，但这个过程非常缓慢。即使过了一个多世纪，英语语法发生的变化也是微不足道的。钟情于吸血鬼的青少年粉丝仍然可以阅读《德古拉》（*Dracula*）的原始文本，即使这本书在他们出生前一个世纪就出版了。

类型（ii）的错误涉及偏好、成见、讨厌的对象以及虔诚的行为。个人的好恶或者改革派的特殊愿望，可能会干扰对语言的实际结构的准确描述，使得语法撰写人的工作失之偏颇。在受过良好教育的英语使用者中，有极大比例的人相信那些虚构的语法规则，比如：禁止将介词放在从句末尾 [然而 *What are you afraid of?*（你在害怕什么？）是正确的]；禁止用单数名词作为 *they*（他们）的先行词 [然而 *Everyone should bring their own lunch*（每个人都应该带自己的午餐）是正确的]；禁止用 *none* 搭

配复数形式 [然而 None of us are perfect（我们都不是完美的）是正确的]；以及各种出现在英语文学和英语会话中的其他熟悉用法。

类型（iii）则比较难以辨认。即使获得了正确的数据，语法学家也可能做出错误的分析。几个世纪以来，语法始终在重复一些根本不起作用的概括，或者将并不属于同一类型的事物归为一类。

语法学家对名词的定义是人、地点或事物的名称。然而，*emptiness*（空虚）是一个名词，这个定义确切吗？

语法学家将形容词定义为修饰名词的单词，它能够表明其所指的是什么样的东西。但是，在 *tree surgeon*（修树工／树木修整专家）中，*tree* 这个单词能够告诉你这是个什么样的 *surgeon*，然而，*tree* 是一种事物的名称，根据之前的定义，它应该是一个名词。

语法学家认为，句子的主语是"行动的实施者"。但是，在 *It's no use complaining*（抱怨没有用）这种句子里，

it（它）真的算是行动的实施者吗？

语法学家告诉我们，句子中的宾语是作为"行动的接受者"的名词。但是，在 *The building is undergoing renovation*（该建筑正在进行翻新）一句中，宾语的定义还适用吗？

语法学家坚称，介词应该放在名词之前，并将这些名词与其他名词联系起来。但是，这就意味着在 *The flag went up the flagpole*（旗子升到旗杆上了）中的 *up* 是介词，然而在 *The flag went up*（旗子升上去了）这一句中 *up* 却不是介词。毫无疑问，*up* 这个词在两种情况下都具有相同的功能，即指示（旗子）的运动方向。

语法学家把 *They say he cried*（他们说他哭了）中的 *he cried* 视为一个"名词性从句"，而把 *It was so sad he cried*（他哭了，这实在是太让人悲伤了）一句中的 *he cried* 视为一个"状语从句"。然而，可以肯定的是，这分明只是同一个从句所扮演的两种不同角色而已，并非两种类型的从句。

三个世纪以来，类似的这种经不起推敲的语法规则总是在重复（实际上是从这本语法书"抄"到那本语法书）。

如果把人们对英语语法理解的发展与古生物学研究的进步来做比较，会得出一个令人汗颜的结果。大约从1800年开始，人们发掘了大量恐龙骨骼化石。一开始，研究者误以为这些化石是一种智商低下的大型蜥蜴的骨骼，并分析认为哺乳动物在智慧程度上超过它们才导致了它们的灭绝。随着两个世纪以来科学的古生物学的进步，人们才慢慢发现恐龙具有各种大小的体型，大概率属于温血动物，不仅相当聪明，而且在许多情况下非常活跃且精力充沛。它们在地球上占据了数亿年的统治地位，并且在白垩纪末期也没有灭亡的迹象，拥有数十亿存活的后代，这些后代如今被称为鸟类。至此，恐龙动物学被彻底改变了。

但是在同一世纪,英语语法仍然停滞不前。尽管事实上,语法相关的证据更容易获得(和从犹他州的骨床中提取异龙脊椎比起来,比较不同的句子则简单多了)。整个19世纪,给学生和普通大众用的语法书籍依旧只是重复着乔治三世时期的语法教条。在20世纪,语言学开始大幅度拓展对英语句子结构各种原则的理解,并阐明了数百种其他语言的结构。可是,很少有普通民众对此有任何了解,而从19世纪流传下来的语法书还在不断重印。所以,接下来我们的重要任务,就是建立起现代语言学观点与语法书和词典的编写之间的联系。

可悲的是,教育考试行业已经存在着各种基于虚假的语法规则的测验,这些规则是被语法领域的"纯粹主义者"所夸大甚至直接生造出来的。倒霉的考生们需要在语法完美的句子中识别所谓的错误。在近期改革之前,学术能力倾向测验(Scholastic Aptitude Test,即SAT)还在使用这种方式来评估美国学生是否适合进入大学。直至现在,许多国家的英语教学仍然如此。由于过去几个世纪而来的迷信而训练学生将人们熟悉的某些模式批判为"错的"——这种残酷且浪费时间的语言教学方式非常糟糕,并且早就应该被每个国家废弃,但实际上这样的教学方式在世界各地都很常见。

价值 500 万美元的语法错误

你也许会认为,语法规则的这些细节,无论多么错综复杂或难以弄清,都不可能具有太大的实际意义。但事实并非如此。除非你认为,500 万美元并没有这么重要。有一家乳品公司最近在法庭上就因为语法规则吃了"大亏"。

缅因州 1995 年颁布的最低工资法规定,除某些工作类别外,每周工作时间超过 40 小时需要支付高出原标准半倍的工资（即150%的工资）。不包含在内的工作类型中有一类涉及易腐食品的工作，具体来说就是易腐食品的"canning, processing, preserving, freezing, drying, marketing, storing, packing for shipment or distribution"（装罐、加工、保存、冷冻、脱水、营销、储存、包装供运输或配送）。但是先等一等：这是八个类别，即最后一种是"packing for shipment or distribution"（包装供运输或配送）？还是九种类别，即第八种为"packing for shipment"（包装供运输）而第九种为"distribution"（配送）？（见表1）

表1

序号	八个类别	序号	九个类别
1	装罐	1	装罐
2	加工	2	加工
3	保存	3	保存

(续表)

序号	八个类别	序号	九个类别
4	冷冻	4	冷冻
5	脱水	5	脱水
6	营销	6	营销
7	储存	7	储存
8	包装供运输或配送	8	包装供运输
		9	配送

奥克赫斯特乳业（Oakhurst Dairy）的五名司机认为，立法者真正想表达的是八个类别。由于"packing for shipment or distribution"（包装供运输或配送）不是他们的工作，所以他们不属于例外情况，在被要求每周工作超过40小时的时候有权享受加班费。鉴于他们并未收到加班费，所以他们代表所有的127名司机对公司提起集体诉讼。毫无意外的是，奥克赫斯特乳业坚持认为，九个类别的诠释才是正确的。截至2017年3月，美国第一

巡回上诉法院正在审理这一案件。

奥克赫斯特乳业对于相关法规中语法的解释，都是基于一个假设：虽然立法者可以通过在 *packing for shipment*（包装供运输）后面加上逗号，从而使意思表达得完全清楚，但立法者选择不这样做。这看起来似乎完全合理。在并列结构（用 *or* 这样的连词形成的表达）中，在唯一的连词之前的逗号被称为"连续逗号"（serial comma）。有些作家会使用这种逗号，有些则不会。事实上，缅因州的法院颁布的法律总是省略连续逗号：《缅因州立法起草手册》（*Maine Legislative Drafting Manual*）（所有人都可以在网上看到）的第113—114页规定了这一做法。

而站在司机的角度，你必须假设一些并不太合理的东西：立法者遗漏了一个关键的词。像 *and*（和）、*or*（或者）、*but*（但是）以及 *nor*（也没有）这样的连接词，用于连接并列结构中的各个成分，如 *Norway, Sweden,*

Denmark, and Finland（挪威、瑞典、丹麦和芬兰）。在八个类别的视角下，关键的并列结构中缺少了一个连接词。原文是：

> canning, processing, preserving, freezing, drying, marketing, storing, packing for shipment or distribution

如果 *packing for shipment or distribution* 只是一个项目，那么就没有连词来连接整个短语中的八个项目（在这种情况下 *storing* 后面应该有一个 *or*）。

如今，这样的结构确实存在，被称为连词可省的并列结构（asyndetic coordinations）。它们既可以含有 *and*（和）的意思［一个明显的例子就是 *We can't make a Waldorf salad; we'd need celery, apples, walnuts, grapes*（我们不能做华尔道夫沙拉；我们需要芹菜、苹果、核桃、葡萄）］，也可以含有 *or*（或）的意思［同样明显的例子

是 *What if there were a fire, a flood, an earthquake?*（如果有火灾、洪水、地震怎么办？）]。所以这种连词可省的并列结构不能说是错误的，它们只是模糊了 *and* 与 *or* 的区别。这种模糊性在陈述法律方面是非常危险的，几乎不会出现。（请注意，如果我们将假定的八个工作类别与隐含的 *and* 关联起来，那么没有一个人的工作能符合这个条件，因为没有一个人会**同时**做装罐、加工、保存、冷冻、脱水、营销、储存、包装供运输或配送这些所有工作。）

双方律师来来回回地争论着这个纯语言学的观点，法庭则努力地去更加清晰地了解法规的含义。他们最终确认他们根本无法确定法规的含义，所以统一转而遵从另一个原则。他们指出，劳动法旨在保护工人而不是老板，因此对于解释条款的疑问，应始终以工人为中心予以解决。他们裁定，这些司机应该领取加班费。2018 年 2 月，奥克赫斯特同意付给司机 500 万美元的欠薪，以解决这次纠纷。

讽刺的是，与此同时该州的立法机构已经亡羊补牢地起草法律来澄清这个条款。修订后的版本明确指出，配送车辆的司机**不**包括在例外中，因此不符合支付加班费的条件。在不违反《缅因州立法起草手册》的指示的情况下，为了使每个单独类别更加明确，他们将逗号升级为分号，并写道：

canning; processing; preserving; freezing; drying; marketing; storing; packing for shipment; or distribution

根据修订后的法律，他们很明显已经写出了有连接词 *or*（或）的并列结构（并且，分号的使用确保其不违反立法起草手册！）。因此，司机再**无**权获得 1.5 倍工资的加班费。

请注意，上述论述并没有将任何人的语法视为"坏的"

或"好的"。关键在于，句子构造的实际原则是什么，以及如何明确地表达给定意义。相关问题也许会涉及一些微小却难以处理、令人头疼的细节。但事实上，这些问题只涉及有关结构和意义的语法线索，一直被我们用来理解阅读的东西或是别人说的话语。语言学专业的学生更习惯于发现这些结构和意义的线索，并明确地将它们编写出来。语言学家通过多次试验来确定英语句法的原理以及在一般原则下给定形式的词语应具有的意义。奥克赫斯特一案中的上诉法院所做的工作，与语言学家试图识别和确定语言规则的工作惊人地类似。

人们还未广泛地意识到，律师和语言学家之间的合作需求是很必要的，语言学家参与立法机构起草法律工作的必要性更甚。当一些法律或合同中一个句子的句法和语义所带来的纠纷已经闹上法庭的时候，已经为时太晚了。

计算语言学家杰森·艾斯纳（Jason Eisner）指出，

在考虑案例时需要的推理论证涉及概率逻辑中的贝叶斯定理（Bayes' theorem）。这一定理主要是说，已经有一定证据的某个推测是正确的概率，与如果推测是正确的那么证据会是怎样的概率，是成正比的。法院需要考虑的不仅是"鉴于立法者写了 y，他们有多大可能想表达 x"，而且还有"如果立法者想表达的是 x，他们有多大可能会写 y"。贝叶斯定理使我们确信，两种概率是紧密相关且成比例的。

对于试图编写语法的语言学家来说，这种推理论证的应用更为普遍。他们必须考虑的不仅是"鉴于我们发现 E 应用于人们说话和写作的证据，那么语法规则 R 正确的可能性有多大"，而且还有与这个问题的答案成正比的另一个问题的答案："如果正确的语法中含有规则 R，那么证据看起来像 E 的可能性有多大。"这使我们能够收集存在反面情况的统计数据方面的证据。请思考以下事实：我们听到过 *eat the pizza up*（把比萨吃掉）、*eat up* the pizza（吃掉比萨）以及 *eat it up*（把它吃掉），但从未听过 * *eat up it*（语言学家会在一串单词之前标注星号以表示它在语法上是不正确的）。如果在语法允许的情况下，出现 * *eat up it* 的可能性有多大？几乎不可能。它的几乎不出现也表明，可能存在一个语法上的约束禁止了它的出现。假设（也许是出于进化相关的原因）我们潜意识里会不自觉地对"从不出现"和"现在应该出现了"这个范围之间的任何不恰当的搭配感到敏感，这种天生的敏感性可能是使语言习得成为可能的因素之一。

第三章

单词、含义和思想

* * *

在互联网上,你可以在数百个网站上找到所谓的"不可译的单词"(untranslatable words)的列表,这些列表高度雷同,经常通过电子邮件和社交媒体分享。当你停下来思考这些单词时,你会发现其诡异之处:每个"不可译的单词"都带有翻译!

真正不可译的单词列表不会吸引很多人去阅读或分享。如果 *muguga bamanka* 真的没有翻译(而且这个词的确没有,因为它是我编造的),谈论它就毫无趣味可言。对人们来说,似乎这些所谓的不可译的单词之所以有吸引力,并不是因为英语中不存在能够解释这些词的表达,而是因为它们具有令人回味无穷的丰富特性,需要好几行的英文才能捕捉其含义。这些单词并不缺翻译,它们缺的是既完全准确又只用一个对应单词表示的翻译。这又是另一回事了。

丹麦语中的 *hyggelig* 经常被列入这些"不可译"的名单。有一种说法是，这个单词的含义是"指一个温暖、友好、舒适、令人愉悦的亲密时刻或事物"，并且"呈现出这样一幅场景：冬日夜晚待在家中，屋内烛光摇曳，裹着温暖的毯子，可能还喝点儿小酒"。因此，"舒适"（cosiness）可以完成翻译的大部分工作，而"温暖、友好而亲密的舒适"（warm, friendly, and intimate cosiness）几乎完美无缺；但是人们说，直到你在丹麦农场的炉火前与所爱之人共同度过了一个寒冬，才能真正感受到丹麦人说起这个词时的感觉。

把这种情况称为不可译性（untranslatability），使得翻译的语言概念超越了认知。这种不可译性与经验的匮乏、文化的隔阂和无法亲自参与实践有关。这就提出了一个关键论点，即语言学是如何有助于说明语言与思想之间的关系的。语言学并不能解决所有问题,也无法回答所有疑问:这些问题深刻而复杂,而且尚未明确,还需要哲学、心理学和神经系统科学方面的研究。但是,基础的语言学可以让我们更明晰地把握含义的关键性概念,并消除我们对语言和思想所产生的迷惑不清的臆断。

各种各样的含义

大多数人觉得不可译的单词列表有趣且迷人,实际上却暗中混淆了几个不同的词义概念。语义学家,即专门研究语言意义的语言学家,早已习惯于将不同的词义概念分离出去。

词汇具有文字适用范围,这决定了它们对所在句子的最小含义的贡献大小。这对于科学定义术语来说是最为清楚的(其他类型的词则不然,这一点我们之后会谈到)。*Monotreme*(单孔目哺乳动物)表示单孔目(Monotremata)中的哺乳动物,包括鸭嘴兽和针鼹;*oviparous*(卵生的)则表示通过在将未孵化的卵排出体外来繁殖的特性。所以 *Monotremes are oviparous*(单孔目哺乳动物是卵生的)说的是,单孔目中的动物是产卵的。

然而,不是所有情况都是这样简单明了的。因为有些单词意义的组成部分可以在不影响真值条件的情况下做出明确的意义贡献。以连接句子的 *but*(但是)为例:仅仅当 *Harald is a Swede and he doesn't speak Swedish*(哈拉尔德是一名瑞典人,他不会说瑞典语)为真时,*Harald is a Swede but he doesn't speak Swedish*(哈拉尔德是一名瑞典人,但他不会说瑞典语)这句话才为真,反之亦然。如果其中一句为真(或假),另一句也为真(或假)。但显然,这两句的意义并不相同。含有 *but* 的那一句似乎在暗示,当你听到句子的第一部分(哈拉尔德是一名瑞典人）的时候，会倾向于觉得哈拉尔德会说瑞典语，随后说话人想要将讨论转向第二部分，这一部分与理所应当去相信的事情并不符合。*but* 这个句子主要意义的重要组成部分，并没有被真值条件所捕获。

还有一些情况与隐喻使用相关。*wooden*（木制的）表示由木材制成的属性，但如果我将发言人的讲话风格描述为 *wooden*（呆板僵硬的），则并不是说它由来自树木的叶子之外的部分中的纤维组织组成；我正在使用某种"快捷方式"来给予你对这种风格的感受：不灵活、反应迟钝、没有吸引力或娱乐性……你知道木头是什么样的，所以可以进行类比。

接下来，也存在与某些单词相关联的有趣的次要含义，使这些单词携带这次要信息，而不会与其所指含义相关联。如果我说 *I've lost my damn keys*（我那该死的钥匙丢了），*damn*（该死的）一词并没有表示任何关于钥匙的特性。也就是说，*my damn keys*（我那该死的钥匙）

和 *my keys*（我的钥匙）所表达的事物是一致的。作为其意义的不可否认的部分（语言学家称之为规约含义），*damn* 所传达的是，表明我对自己所说的主要内容中叙述的情况感到恼怒。如果我说 *I've lost my damn keys and I'm entirely happy and relaxed about that*（我那该死的钥匙丢了，我对此感到很高兴也很轻松），我就在同一句话中表达了恼怒并立刻否认我很恼怒。

另一种单词含义也许与我们开始的不可译单词列表最为相关，是许多单词所具有的各种各样的弦外之音和联想意义。中世纪的逻辑学家称之为隐含意义（connotation）。以 *small* 和 *little* 这两个词为例，它们都表示相对于某些上下文所决定的恰当标准在尺寸范围上有所降低的性质。（这种标准是相对的：一头小象远远大于一只硕鼠。但这不是此处要讨论的重要问题。）这两个词的隐含意义的不同之处在于，*small* 似乎更关注实际尺寸测量，而 *little* 似乎带有可爱的隐含意义。

因此，*a small aircraft carrier*（一艘小型航空母舰）这样的短语用来描述船舶是完全正常的，虽然这艘航空母舰本身依旧很大（因为它不得不建造得这么大），但与同类航母的平均值相比，它的体积更小。但是 *a little aircraft carrier*（一艘微型航空母舰）的说法听起来则完全不同，给人一种这艘航母是玩具的错觉。

又如，在描述一件礼物时，使用 *a lovely little brooch*（可爱小巧的胸针）的表述是很正常的，但是如果将其称作 *a lovely small brooch*（可爱的小型胸针），似乎是将这个小胸针与比例上更加大的胸针进行对比，实际上或多或少地削弱了对礼物的赞美。

大量日常用语都带有上述类型以及许多其他类型的隐含意义：

• *Gypsy* 以相对中立的方式表示吉卜赛人，而 *Gyppo* 虽然表示同一种族的群体，但被视为侮辱性词汇；

• *rabbit* 表示兔科动物中的一个物种，而 *bunny* 是同一种动物的名称，但更适合在与孩子交流时使用；

• *thinking* 是表示无声的认知活动的一个普通词汇，而 *ratiocination* 指的是完全相同的活动，听起来则更有学问；

• *quarrel* 表示包含某种情感内容的意见方面的不统一，最好通过让各方冷静下来并达成更好的条件来解决问题，而 *dispute* 指的是更为严肃和客观的事情，或许还会需要仲裁。

45　　除了我上述已经回顾的五种不同的词义之外，在词语本义之外的延伸含义，能够以包含有趣的否定意义的方式隐含在给定的上下文之中。假设我说：*I noticed you had a letter from the doctor.*（我注意到你收到了医生的一封信。）这可能是在表明，我想知道这封信的内容。（否则为什么我要提到它？我肯定不只是为了表现自己观察力很强，才会评论说看到了门垫上的那封信。）然而，这个暗示也可以是不存在的。如果你说 *Do you want to read it?*（你想读它吗?）但你看起来似乎有点生气，我可以回答：*No, not at all, it's your private business.*（不，一点也不，这是你的私事。）我没有因此撤回任何我实际说过的话。

语言学家将这种类型所表示的含义称为会话含义（conversational implicature），理解它们的运作方式非常重要。伪证定罪不能基于会话含义：如果你在宣誓后所说的某些事物的指称含义（denotational meaning）是错误的，而且你对此知情，在这种情况下你才算是做了伪证。以会话含义误导法庭，可能让你在道德上声名狼藉，但无法使你以伪证罪被定罪。不过，在诽谤法中则完全是另一番景象：关于会话含义，诽谤罪的控诉律师有一个特殊术语，称为"影射"（innuendoes），你会因为影射而被成功起诉犯有诽谤罪。如果你说 *I doubt whether tea is Jones's favourite tipple*（我怀疑茶是否是琼斯最喜欢的酒），从而诱导人们相信琼斯是一个酒鬼，那么你已经诽谤了他,而他可以起诉你。

所有这六种含义都为可译性带来了困难。会话含义可能是最棘手的,因为它们依赖于人们的日常知识和直觉判断。

刚才我们对语义学和语用学中丰富而复杂的子学科进行了简单介绍,现在可以接着讨论那些不可译的单词及其翻译的话题,把这些问题解释得更加明朗一些。

首先,我可以非常确定地说,你不能总是期望其他语言中的一个单词能够在英语中找到字面意义对等的一个单词,即使只考虑指称含义(denotational meaning)也是如此。德语里的 *Schnitzel*(炸肉排)肯定是可译的,但是 *breaded veal chop*(裹面包屑的小牛排)算是我们在英语可找到的最短翻译,所以一个德语单词对应的是三个英语单词。当然,也存在一个英语单词翻译成德语时需要三个单词的情况(我把找到这些单词的任务作为留给读者的练习)。但是,这并不妨碍为这些单词给出优秀的翻译。

其次,要求翻译成对等单词,而且在其他各种方面的含义(如非指称含义、会话含义、隐含意义)都完全相同,将会使得翻译无法进行。那些明显是直译出来的各种对等词汇,无法具有完全相同的隐含意义。没有人会认为法语中的 *garçon*(男孩)一词是不可译的,尽管在法语中它还有 *waiter*(服务员)的意思,而英语中的 *boy*(男孩)则没有这层意思。同时,在英语中 *boy* 一词在过去十年中被白人用来侮辱性地指代美国南部各州的黑人,而 *garçon* 则没有这一功能。这些都不能使 *garçon* 一词变得不可翻译:法语里的 *Le gargon est ici* 可以完美地被译成英语 *The boy is here*(男孩在这儿)。

"不可译"的单词列表之中所暗含的这种不可能,将翻译的概念推向了一个不合理的极端。能够理解某种外语所表达的东西,不应该等同于能够与该语言使用者的意识产生融合,并且获取他们整个主观经验和记忆网络中存在的所有联系，像《星际迷航》(Star Trek)中瓦肯人（Vulcan）的思想融合那样。

许多表示雪的单词？

那些据说是不可译的单词之所以这么有吸引力，很大程度是因为人们执迷于以下两个观念：(i) 不同语言中的单词对应不同概念的范围大小不同，以及 (ii) 不同语言的使用者所形成和思考的概念受到语言本身的限制。学习一门新外语的主要乐趣，通常被认为是你可以认识到一个新文化，并将这个文化中的全新概念添加到自己看待世界的方式之中。数百名作家都声称，"爱斯基摩人"（Eskimos），即生活在北极的尤皮克人（Yupik）和因纽特人（Inuit），有着几个、十几个或几十个用来表示雪的单词，使其拥有一个与英语使用者完全不同的全新视角去看待世界。

劳拉·马丁（Laura Martin）在1982年的一次人类学会议上发表论文指出，关于"爱斯基摩人"的这一说法有些奇怪：尽管一份1911年的资料来源显示，一位掌握了第一手资料的人类学家提到，加拿大的爱斯基摩语中有四个不同的与雪相关的单词，但随后的资料来源夸大了这个数字，并修饰了这一说法。这个例子一遍又一遍地出现在从心理学教科书到报纸文章的各个角落，在每个复述的版本中，单词数量都变得越来越大。

长期以来，马丁教授都在为发表她的这篇论文做持久的努力。期刊评论家讨厌这篇论文，也许是因为这篇论文所审视的人是像他们这样的社会科学家。但论文的缩略版本最终于1986年出现在《美国人类学家》(*American Anthropologist*) 杂志上，而我在1989年发表的针对语言学家的谐趣文也对这篇论文进行了宣传。我对这种夸张的行为进行了嘲讽，并引用了其他类似的例子。从杂志文章到管理课程，人们都热切地传播"爱斯基摩人"有20个、43个或者100个关于雪的单词这样毫无根据的故事，却没有给出任何证据或例子。爱斯基摩语言的字典确实存在，但是它们从未被引用过。年复一年，人们口中的这一显然很随机的数字变得越来越大。

我将我的文章称为"爱斯基摩词汇大骗局"（The Great Eskimo Vocabulary Hoax），之所以故意强调"骗局"一词，是想表明我们的整个文化都在自欺欺人。这种由引用不同数字且高度相似的大量仿真虚假陈述所组成的现象，也许称为模因（meme）更为恰当。作家似乎只是为了"言之有物"而把它想当然地放到文章中。你可以在旅游杂志上找到一篇关于维也纳咖啡馆的文章，作者会在文章开头写道："据说，爱斯基摩人有150个表示雪的单词，维也纳人肯定至少也有这么多表示蛋糕和糕点的单词……"关于爱斯基摩语言的说法不一定非得是正确的才能够达到文章的目的，这只是人们的一个说法罢了（因为其他人也这么说）。但随着时间的推移，我觉得人们可能已经开始相信这是真的，理由是每个人都是这么说的。

即使在大学教科书和课程中，这类关于爱斯基摩语言中雪的词汇量大小的虚假陈述也被提供给学生，没有任何基础数据，而且对于这种说法如果为真为什么会有趣的原因没有做出任何明确解释。如果你在课堂上学习了表示不同类型的雪的不同单词，你就真的会用不同的眼光来看雪吗？的确有可能，但肯定是因为你正在了解有关雪的各种气候现象，而不是因为这些单词。

如果某种事物充斥在你的生活中，而且对你的生活至关重要，你就会自然而然地发明许多不同的单词来表述它吗？对此，我有一个不错的段子：两条年纪不大的鱼在游的时候遇到一条年纪比较大、经验更丰富的鱼。这条鱼同它俩打招呼，并寒暄道今天早上的水有多么好。两条年纪不大的鱼静静地游了一会儿，然后其中一条说："水到底是啥玩意儿?"

仅仅是因为某种事物无处不在，且对生存至关重要，绝不意味着你会为它起一大堆名字。我们只有一个词来表示"空气"，除非我们发现空气正在移动，那我们会将其称为"风"或"微风"。

语言学在此处的重要性在于，它可以提供基于事实的描述，或许还有某种潜在理论的基础，用来描述词汇量大小可能与概念形成之间的关系。那么，事实是什么?

简而言之，爱斯基摩语言中的所有语言似乎都有一个名词 *qanik*，意思是"雪花"(snowflake)，而在这些语言中绝大部分都有一个以 *aput* 开头的词，意思是"覆盖地面的雪"(snow covering the ground)。除此之外，你可以找到一些更明显与雪相关的单词，意为"暴风雪"(blizzard)、"雪堆"(snowdrift)、"新降的雪"(new snowfall) 等（哪些单词应算在内并没有明确），但数量不是很多。这些单词并没有比英语更多，因为英语里有 *snow*（雪）、*slush*（雪泥）、*sleet*（雨夹雪）、*blizzard*（雪暴）、*drift*（雪堆）、*whiteout*（暴风雪）、*powder*（雪粉）……

通过更加仔细的分析，你会发现有些偶尔被（极少数试图做出相关列表的人）列为雪的单词的，并不是真正的雪的单词。例如，西格陵兰岛因纽特语（West Greenlandic Inuit）中 *illuksaq* 一词也被列在其中，意思是"可以用来建造冰屋的那一类型的雪"（snow of the type you can build igloos with）。然而，*-ksaq* 的意思是"建造材料"（stuff for making），*illu*［在加拿大伊努克提图特语（Canadian Inuktitut）里是 *iglu*］的意思是"房子"（house）［这也就是英语里 *igloo*（冰屋）的来源］，所以 *illuksaq* 的意思只是"建造房屋的材料"（house-building materials）。这个词既可能包括坚固到足以切割成块以建造冰屋的雪，也可能包括胶合板和波形铁。这不是一个指代雪的单词，而是一个建筑材料单词。

后缀元素 -*ksaq* 实际上涉及爱斯基摩语言中真正令人着迷的事实。这个特点与雪本身没有任何关系,但在某种意义上将与雪有关的单词数量拓展到了任意大的数字。爱斯基摩语言允许通过添加被称为派生后缀(postbases)的有意义单位来构建新单词,然后在新单词的基础上添加屈折后缀,使单词数量达到令人咋舌的程度。你可以自己创造出和雪有关的复杂的新单词,只需要用少量基本词根,加上一系列的派生后缀。这实际上使得计算单词数量变得毫无意义:你想要多少,就可以有多少。不仅可以出现数百万与雪相关的单词,还可以有数百万和鱼、云、血或是其他任何事物相关的单词。

格陵兰岛因纽特语中的西部方言在格陵兰岛(Kalaallit Nunaat)当地被称为 Kalaallisut(格陵兰语)。让我们简单地看一下,这种语言是如何构造一个相当冗长的复杂单词的。我们将创造出一个巨型单词(动词),并让它表示出类似句子的含义。我故意让这个词看起来匪夷所思，以表明它不仅仅是偶然出现在字典里的生僻词，比如生造的英文单词 *floccinaucinihilipilification*（对荣华富贵等的轻蔑）。我们将会从 fish（鱼）这个词根开始。当我们做以下操作步骤时，你会注意到在添加词根后缀或屈折后缀时，单词尾部的辅音有时会发生变化。

> *aalisagaq* "fish"（鱼）
>
> *aalisagaq + oq = aalisagakoq* "fish remains"（鱼的残骸）
>
> *aalisagakoq + sunni- = aalisagakorsunni-* "smell of fish remains"（鱼残骸的气味）
>
> *aalisagakorsunni + k- = aalisagakorsunnik-* "to smell of fish remains"（有鱼残骸的气味）
>
> *aalisagakorsunnik + toq = aalisagakorsunnittoq* "something that smells of fish remains"（有鱼残骸气味的东西）

aalisagakorsunnittoq + *sior* = *aalisagakorsunnittorsior* "to look for something that smells of fish remains"（寻找有鱼残骸气味的东西）

aalisagakorsunnittorsior + *iartor-* = *aalisagakorsunnittorsioriartor* "to go out to look for something that smells of fish remains"（出去寻找有鱼残骸气味的东西）

aalisagakorsunnittorsioriartor + *put* = *aalisagakorsunnittorsioriartorput* "they went out to look for something that smells of fish remains"（他们出去寻找有鱼残骸气味的东西）

仅用一个单词，居然能表达如此复杂的想法。但令人惊讶的是，它还可以进一步延长。有一个拼写为 -ngooq 的元素，当它成为任何格陵兰语的动词后缀时，会为所在从句增加一个含义，暗示其只是传闻而并

非目击者的证词。(拥有"传闻"的标记元素,是许多不同语系所具有的共同特征。)所以我们可以这样组词:

aalisagakorsunnittorsioriartorput + ngooq = aalisagakorsunnittorsioriartorpunngooq "It is said that they went out to look for something that smells of fish remains"(据说他们出去寻找有鱼残骸气味的东西)

即使是这样,它也还没有达到句子长度或复杂性的任何上限(实际上不存在这样的限制)。将 -aasiit 添加到从句中的动词之后,可以表示它所报告的内容与你期望的真实内容一致。所以我们有了如下单词:

aalisagakorsunnittorsioriartorpunngooq + aasiit = aalisagakorsunnittorsioriartorpunngooraasiit "As might be expected, it is said that they went out to look for

第三章 单词、含义和思想 075

something that smells of fish remains"（不出所料，据说他们出去寻找有鱼残骸气味的东西）

世界上很少有语言会允许这种极端类型的构词。爱斯基摩语言的确非常特别。但是，格陵兰语让语言学家惊叹不已的，并不是这种语言中有大量的表示特定类型的雪的词根。当然，如果确实如此，那就不会令人感到意外了。（我多希望自己在说这个的时候用上 -aasiit 啊！）毕竟，整天处理字体的打印机都有很多表示字体的单词。但是，关于雪的单词的说法恰恰并不属实。即使爱斯基摩语言使用者的思想中真的有某个方面与英语使用者的思维方式完全不同，那也并不是与雪有关的经历。这是因为英语使用者会以不同的（相当短的）单词来构建句子，这些单词（大多数）只有着少量内部结构；而使用格陵兰语这样的语言的人在建构句子时通常会在通过词汇合成和屈折变化来形成一个超级复杂的动词上做很多工作，而该动词本身就可以表达大部分的含义。

你的话语是否决定了你的世界

爱斯基摩语言中有许多表示雪的单词这则广为人知的虚假传闻，通常在人们讨论所谓的"萨丕尔－沃尔夫假说"（Sapir-Whorf Hypothesis）时被引用。这本应是一个说明语言如何塑造或决定思想的假说，但它实际上并不能被称为假说，只是一个定义模糊的、拥有各种不同主张的集群。

这一主张的延伸说法还有，人们对世界的看法完全取决于其语言：说不同语言的人不会拥有同样的想法，甚至无法看到同一个世界。乍一看，这个想法可能会很有趣。但是，仔细观察后会发现，它其实无法成为一个科学论断。

这种说法具有下列奇特的属性：如果它是真的，这一真相永远无法被解释给那些符合该论断的人。举个例子，如果我的语言中有一个你无法掌握的概念，因为你的语言没有给予你那样的概念，那么我永远无法说服你相信这个概念的存在，因为你永远看不到我所表达的东西。我不得不向你讲清楚的关键思想，涉及的是你并不拥有也无法形成的概念。

这使得这种全球传播的主张（即我们的语言定义着我们的世界）即使是在原则上也是不可测试的。这不是科学假设，而是一种相当奇怪的(在我看来是难以置信的)形而上学的主张，而且没有人能够证实或反驳它。相对于那些非语言学家的人来说，语言学家很少会对全球传播的这类萨丕尔－沃尔夫假说风格的主张感兴趣，这就是其中一部分原因。

然而，关于语言是如何塑造思想的观点中，的确有一些主张可以进行测试。然而，这些观点描述的范围更加适中,通常涉及需要说话和思考的任务。例如,研究发现,当人们必须将一组呈现在眼前的对象按照颜色来分类时,如果他们的语言中存在分别表示实验中的两种不同颜色的单词,则他们能够更快将一种颜色与另一种颜色区分开。

但这只能说明,如果你终生使用的语言会使用不同形式来表示具有关键意义差异的两个词,那么你对这类区别的反应速度可能会更高。这个实验结果并不意味着你在看到用同一单词表示的两种颜色时无法看出它们之间的区别。

如何处理你听到的句子

我在第二章中强调,语言不仅仅是单词而已。一般来说,语言学家更关心的问题是话语如何被加工处理,以及说话者如何一步步获取和掌握语法和语义结构，而不是去研究单词含义无穷无尽的微妙之处。

语言学家与心理语言学家会在这一领域进行合作研究。我们发现，人类在听到别人说话时，对于这些话语的处理方式让人出乎意料。例如，我们之前可能会天真地想象，人类是通过按照以下顺序的一系列步骤来处理句子的：

• 听完整串语音；

• 找出句子中有哪些语音（哪一处是 s，哪一处是 z，等等）；

• 识别单词之间的停顿 [例如，区分 *an arrow*（箭头）和 *a narrow*（海峡）]；

• 弄清楚每个节点的单词想要表达的意思 [例如，给定的单词是 *bear*（熊）还是 *bare*（空）]；

• 查看整个单词序列，并弄清楚这些单词是如何根据语法结合在一起的；

- 根据语法结构推断句子的字面意思；
- 弄清楚字面意义和听话人之间的关系，并从中推断出演讲者的意图。

有趣的是，上述过程并非不太准确，而是大错特错。当你听到某个语音时，大脑中以该语音开始的单词"库存"变得活跃起来。随着语音不断传来，你会以闪电般的速度排除各种可能性。在完成了每一个可能的短语时，你尝试同时将其与所有可能的语法角色和字面意义相关联，并使用有关当前文本的事实来排除其中一些备选方案。还没等到讲话者完成句子，你就几乎了解了所有你需要知道的讲话内容以及其相关性。当你听完整段话语时，已经基本上没什么可做的了。

人们能够接着讲完别人没说完的句子，或者在没听完问题就开始回答，如果你思考一下自己曾看到过的这种情况，就会发现上文的思维过程和它是相关的。语言心理学家的最新研究显示，我们已经找到了各种不同的方法足以验证这种情况的真实性,并且实时追踪其过程。我们可以给参与实验者设计一些任务,让他们给出无意识的线索来表现自己的思维方式。在某些情况下,他们可能在捕捉出现在屏幕上的某些文字或图片时表现得更迅速(或更迟缓);在某些情况下,其眼睛移动轨迹(由设计精妙的头戴式装置追踪)会表明,他们在尝试阅读句子时,在某个节点倒回去看了一眼。如果将传感器连接在对应着大脑特定区域的头皮上,我们甚至可以从传感器获取的电流活动痕迹中读取线索。

实验派的语言心理学家和与其共同工作的语言学家,已经发现了导致上述处理机制暂时失控的句子类型。下面是一个可能让你"掉进陷阱"的例子(即使我刚提醒过你):

The boy rushed out of the classroom shouted.

这是不是看起来不合乎语法？你是否觉得我肯定在 *shouted*（喊）的前面遗漏了某个词，也许是 *and*（并）？在你意识到这个句子并没有遗漏什么单词而且根本没有任何问题之前，是否曾存在一瞬间的怀疑呢？

这里的问题（如果你有疑惑的话）在于，这个句子给你的第一印象是，即我们正在谈论一个冲出教室的男孩。接着，我们就碰到一个明显是额外的动词 *shouted*，于是我们就不知道该怎么做了。添加一个 *and* 可以说得通：他冲出去并且大喊。然而，这种对句子的修复并没有必要。这句话实际上是说，这个男孩**被**赶出去了（由句中未提及的老师、医务人员或是警察），所以他可以被称为 *the boy [who was] rushed out of the classroom*（那个被赶出教室的男孩）。

这种理解性方面的问题之所以出现，是因为 *the boy rushed out of the classroom* 本质上是含糊不清的：它可以是一个句子，也可以是一个名词短语。在我刚刚讨论的例子中，人们遇到一个动词（*rushed*），它可能是句子的主要动词，如果认为它就是主要动词的话，困扰人们的问题就相应产生了。

有些句子则会引发相反的问题：一开始你会遇到一个可能是名词的单词，你会自然而然地认为它就是一个名词。这种情况甚至可以在非常短的句子中发生，就像下列句子（这一次依旧可能会让你的大脑"卡顿"）：

The old man the ship often.

起初看来，这句话是令人费解的。你可以想象一下，如表2所示那样逐一阅读句子里的每个单词，并就如何理解句子进行明确的推理论证。当然，我们（通常）并不会明确地做任何这些推理，也不是说每个人都知道像"定冠词""形容词"或"关系从句"这样的术语；但显然，每次我们听到有人说些什么，就会以惊人的速度进行这种潜意识里的推理论证。

表 2

目前听到的单词	你潜意识的思考
The	定冠词；名词短语的开头。
The old	形容词；可能是用来修饰接下来的名词。
The old man	确认了：old（老的）是用来修饰 man（人）的。
The old man the	名词后面跟了个 the？也许这是关系从句的开头？
The old man the ship	也许还是正确的；现在要找一个动词。
The old man the ship often.	就结束了吗？哎呀，我被难住了。没有动词！再想想？

当然，推理的频率与我们正确理解句子的能力有关。*man*（人）这个单词作为名词是很常见的，形容词 *old*（老的）经常用来修饰它。为了正确理解上述句子，

你必须将 *the old* 视为一个名词短语，意思是"年老的人"（people who are old）并将 *man* 视为动词，意思是"操作"（operate）。

请注意，*The old man the barricades*（老人设置路障）这句话更容易理解：虽然动词 *man* 很少见，但 *man the barricades*（设置路障）却很常见，可以给我们理解的线索。我们显然对一个词与另一个词相邻的频率存在一些潜意识的敏感性。

由此，我们发现，理解别人对你所说的话的这个过程，并不仅仅是听一系列词汇并考虑其含义那么简单。在头脑里发生的是一个非常复杂的过程，即试图将单词序列与至少三件事相匹配：(i) 语法所强加的约束；(ii) 有助于消除虚假线索的含义和常识；(iii) 潜意识里注意到单词序列的可能性。你可能会看到，无论是语言教学、心理健康评估，还是编剧、法律起草或是翻译，这种思考过程都是至关重要的。

心理语言学的运用

人们之所以要研究人类认知能力和语言能力等方面,其中一个重要原因就是解决教育和健康问题,如学习缺陷和脑部损伤。有些人在处理语言方面有着切实的困难。具有严重的阅读障碍的人,很难区分字母形状和确定字母序列;脑损伤患者有时会出现部分或完全性失语症,即无法处理句子结构或单词含义等内容;痴呆症患者或遭受药物副作用损伤的病人(如某些化疗患者的"化疗脑")有时会出现理解能力和跟踪对话能力受损的情况;还有些孩子会存在语言学习障碍。诸如此类。

如果缺乏对人类语言处理机制的运作方式的专业研究,就无法进行合理而严格的防御性治疗工作,帮助这些病人的希望就会变得非常渺茫。科学地理解语言系统和机制,对于医学界设法帮助无法使用这些系统和机制的人来说是至关重要的。

假设某位物理治疗师来自外星球,不知道人类的腿是用来运动的,也不知道下肢应该在膝盖处向后弯曲,或者髋关节应该向前移动,以及脚踝可以往各个方向移动,那么他一点儿都不合格,因为物理治疗师需要知道双腿是如何运作的。失语症学、神经病学和语言障碍矫正等领域的专业人士都需要了解人类语言处理能力的工作原理。

不幸的是,将语言学和心理语言学发现应用到教育等领域的现象并不普遍,至今仍只是个例。威斯康星大学麦迪逊分校的心理语言学家马克·塞登伯格(Mark Seidenberg)多年来一直研究阅读和识字,他发现美国教育机构对心理语言学实验的研究成果是极为排斥的。举个例子,尽管阅读相对于讲话来说是次要的,但两者在思想上的联系非常紧密:一个人对声音和对文字的认识是密切相关的;同时,对于"自然拼读法(语音教学法)"(phonics)(强调字母串和它们所代表的声音之间的联系)

是否应该在阅读指导中起作用的这一问题,答案应该是"肯定的"。但是大部分的美国教育机构都认为,这个问题的答案是"否定的",并且按照此观点来进行教学。

塞登伯格认为,教授阅读的常用方法与人类认知和发展的规律并不一致。这些方法使学习阅读的难度远远加大了,尤其是对贫困儿童的阅读学习造成了严重的损害。他认为,阅读研究实际上在深度、广度和质量上都很优秀,然而十分不幸的是,美国的教育工作者却很少关注到它。

第四章

语言和社会生活

***

2012年2月的一个晚上,佛罗里达州桑福德市的一名17岁学生步行回家的时候,在手无寸铁的情况下,于距离自家后门65米的地方被枪杀了。受害者在遇害之前一直在用手机与朋友通话,并称自己被人跟踪了。

警察当时已经在赶来的路上,随即到达案发现场并逮捕了凶手,而凶手并没有否认他的罪行。受害者的朋友是一位名叫雷切尔·珍特尔(Rachel Jeantel)的年轻女子,她的证词本应使这桩公诉案件中的谋杀罪名无可辩驳。然而,事态并未如此发展。珍特尔作证时使用了英语中的一种方言,不仅与陪审团产生了隔阂,还和全国数千名电视观众产生了距离。

特雷沃恩·马丁(Trayvon Martin)被枪杀的那晚到

底发生了什么，我们永远无法确切得知了。珍特尔作证说，马丁被枪杀之时，正在从凶手身边逃跑。但是凶手乔治·齐默曼（George Zimmerman），一位28岁的邻里守望协调员（neighbourhood watch coordinator），声称自己当时遭受了肢体攻击，为了自我防卫才会这么做。事实上，凶手被逮捕时的照片显示，他的嘴巴和头部后方正在流血。即便如此，一名成年男子因为打架冲突而枪杀了手无寸铁的青少年，在你看来也许至少会是过失杀人的罪名。可是恰恰相反，控方的主要证人珍特尔遭到了美国民众的辱骂，陪审团在审议期间并未提及她的证词，并最终决定判决凶手"无罪"。

雷切尔·珍特尔讲的是一种有趣的方言，被美国语言学家称为非洲裔美国人方言英语（African American Vernacular English，AAVE）。美国社会对这种语言有着强烈的歧视。斯坦福大学的两位语言学家约翰·里克福德（John Rickford）和莎莉丝·金（Sharese King）对珍特尔的证词及听众的反应进行了深入而广泛的语言学分析。他们认为,由于人们对珍特尔的说话方式存在偏见,所以对她提供的重要信息也采取了怀疑和忽视的态度。陪审团声称,她的话"难以理解"而且"并不可信"。珍特尔在证人席上待了六个小时,但当她的讲话在电视和广播上转播后,她不仅为美国的社交媒体用户所鄙夷,还被他们讽刺为"白痴"。

在美国,说着标准英语的典型中产阶级白人,甚至包括受过良好教育的非洲裔美国人,都认为 AAVE 只是一种讲得草率、马虎且糟糕的英语。在对珍特尔的证词的恶评风潮中,有一名语气相对温和的推特网友这样写道:

> 每个人,无论种族,都应该学会说正确的英语,或者至少**让人能够理解**的英语……而她所说的话,有75%都让我无法理解……这真是荒谬! [原话引用如上]

如果这位评论者曾在校学习过标准法语，随后却发现自己听不懂当地人用巴黎方言（Parisian）聊天，她也许会把这种理解困难归结于自己缺乏经验。但是，当人们听不懂以AAVE为母语的人说话时，对语言学习失败的指责就指向了对方。

AAVE的社会地位和法律地位相当尴尬。虽然它与美国社会最为广泛接受的英语方言并不是完全相通，但它也不被视为一种独特的语言。使用这门语言的人总会自称是在说英语。辩护律师唐·韦斯特（Don West）向珍特尔询问她的英语使用情况时，她愤慨地回答："我对英语了如指掌。"

事实上，珍特尔懂得三种语言：除了AAVE，还她懂得海地克里奥尔语（Haitian Kweyol）和多米尼加西班牙语（Dominican Spanish），因为她母亲是海地人，而父亲是多米尼加人。但是2012年时，她只是一名19岁的高中生，而不是一名能够熟练转换英语方言的成年人。不幸的是，陪审员并不熟悉AAVE，律师或法官也不懂。然而，使用AAVE的人（包括珍特尔本人在内）都坚持认为AAVE就是英语，因此当时甚至没有考虑过使用法庭翻译的可能性。

非标准的方言和受轻视的语言

请注意，我虽然在这里使用了"非标准"（nonstandard）的说法，但这个术语并非一种价值判断。语言学家描述了对方言在语法和语音属性上与标准英语的差别程度，但这根本不意味着它们是不合标准的方言，也不意味着使用标准英语总是更好的选择。这取决于你想要展开的对话、所面临的任务，以及想要创造的印象。

（对于那些懂得非标准方言的人来说）使用非标准方言胜过使用标准英语。想象一下：推销员试图与说方言的客户拉近关系，或医生想要安慰一位使用非标准方言的病人；为乡村歌曲填写歌词；在政治集会上获得听众的支持；与乡下来的亲戚消遣放松；讲一个漫画故事；在开学第一天与几乎从未听过标准英语的五岁小孩谈话……因此，并非每个精通英语的人都希望自己每时每刻都听起来像查尔斯王子一样。

方言和语言有各自的完整性、结构以及尊严，这一事实可以对人们的自我感受产生巨大影响。我的朋友哈比卜（Habib）是一位受过高等教育的突尼斯计算机科学家，他告诉我，他曾经由于学习了语言学课程而产生了很大改变。当他在课堂上对语法的某些方面进行了详细研究之后，忽然发现原来他一直误以为自己说着一口糟糕得令人耻辱的阿拉伯语。他之前知道当代的标准阿拉伯语听起来是什么样的，并在报纸和在（较旧版本）《古兰经》中阅读到了标准阿拉伯语，也知道自己每天与家人所说的阿拉伯语与之截然不同。但是他突然间意识到，他和家人所说的根本并非糟糕的阿拉伯语，而是流利而完美的突尼斯方言（Tunisian）。

哈比卜是对的。阿拉伯语中的突尼斯方言，与会话的埃及方言（Cairo Egyptian Arabic）、伊拉克方言（Iraqi）或黎巴嫩方言（Lebanese）并不一样，也不同于整个阿拉伯世界作为话语媒介去学习的现代书面语。这并不意味着突尼斯方言很糟糕，更不意味着说突尼斯方言的人是没有受过良好教育的乡巴佬。突尼斯方言也是一种语言，而哈比卜很精通这种语言。他所说的这门语言原本就很好，而且他还懂得标准的阿拉伯语和英语。他是一名在突尼斯长大、精通三门语言的受教育人士，但他从小到大都曾认为，自己的阿拉伯语说得很差劲。

社会语言学领域

语言与使用这些语言的社会之间，有着非常密切和复杂的联系。所以，自20世纪60年代初以来，语言科学中已经出现了一个致力于探索这种联系的完整领域，被称为社会语言学。在语言学的所有组成部分中，它产生了可能是最为重要的结果和最有意义的应用。

社会语言学的创始人之一是宾夕法尼亚大学的威廉·拉波夫（William Labov）。他的成名著作谈到了纽约市的方言是如何与阶级相互关联的。他通过亲身实验发现，在百货公司，只需要让店员讲几个词，比如"四楼"（fourth floor），就足以弄清这家店的价格水平如何：在较为高档的商店，店员更有可能采用典型的美国方式（读 *floor* 这个单词），即在元音之后发 *r* 的卷舌音；但在较为低档的商店中，店员则倾向于不发 *r* 的卷舌音。

拉波夫是对 AAVE 进行语言学研究的早期先驱。在他之后，有许多人像他一样研究它的语法和音系学，到今天已经有了不少发现。在某些语言中，像 *He is angry*（他生气了）或者 *You are a fool*（你是个傻瓜）这样的句子里，不一定会出现与be动词相对应的词。AAVE就是这样的一种语言。而在标准英语中，be动词的形式包括be，am，is，are，was，were等。由于be动词又常被称作系动词（copula），我在下文中会使用系动词的称呼。关键在于，AAVE对 *He angry*（他生气）或者 *You a fool*（你个傻瓜）中系动词的省略，并不是因为懒惰或者是忽视"正确"的说法，而是由于该语言有着相关的语法规则。这个规则可以大致归纳如下：

在下列情况可选择性地省略系动词：
（a）系动词处于某种时态形式（所以 *be* 和 *been* 这样的形式不会被省略），
（b）系动词为现在时形式（所以 *was* 和 *were* 没有被省略），
（c）系动词为第二或第三人称形式（所以 *am* 不会被省略），

(d)系动词没有以 -n't 为后缀（所以像 *ain't* 这样的形式不会被省略），

(e)系动词没有着重强调 [所以在 *There already is one*（已经有一个了）这句话中不会省略 *is*]，以及

(f)系动词不是其从句或短语中的最后一个词 [所以在 *what it is*（它是什么）中不会省略 *is*]。

关于系动词在何处被省略的问题，涉及非常复杂的语法概括，却是这种方言的使用者在潜意识中掌握的一部分。任何想要说 AAVE 的人必须学习这些规则，就像想要说俄语或匈牙利语时也必须学习相关规则一样，因为这两种语言在某些语境中都省略类似英语中 *be* 的系动词。

AAVE 与标准英语还有其他明显的区别。在 AAVE 中，否定陈述句里的助动词通常位于主语之前。同时，不能简单地通过像 *nobody*（没有人）这样的名词短语来

否定句子，而是必须另外存在具有否定意义的助动词。因此，标准英语 Nobody has time for that（没有人会有时间做那个）被译为 Ain't nobody got time for that。

思考一下，如何将标准英语中的 There are no batteries in it（这里面没有电池）翻译成 AAVE。这是一个存在句。你需要了解的是，在 AAVE 中，句子的第一个词应该是 it 而不是 there。同时，AAVE 中的屈折词尾变化通常不存在（雷切尔·珍特尔所说的 AAVE 则几乎 100% 省略了这种词尾变化），比如复数名词词尾的 -s（dogs），以及名词所有格词尾的 's（dog's 或者 dogs'）。在遵循上述规则以及其他与否定从句相关的规则的基础上，上述句子译成 AAVE 为：It ain't no battery in it。

类似的规则还有很多。我想表达的是，AAVE 有着详细的语法规则，许多都与标准英语的类似，有些却明显不同。AAVE 并不是说得很糟糕的英语（虽然并没有许多人相信这一点）。

这种语法事实与社会语言学息息相关，是因为从社会层面来看，人们对AAVE的态度使得这些规则很难被识别。这也是我选择在本章而不是第二章中讨论这一问题的原因。使用这种语言的几乎都是美国黑人（非洲裔美国人），他们所说的各式英语往往很接近标准英语，又因为其社会背景的不同而存在差异。有时他们会因为自己来自使用AAVE的家庭而感到羞愧。通常，他们不会在做社会语言学研究的陌生人面前说AAVE。你可以问那些会说两种语言的人，比如说英语和希腊语："那个用希腊语怎么说？"可是遇到非标准的方言时，却不能直接问类似的问题，因为其结果可能会不可靠。

剑桥大学的语言学家W.西德尼·艾伦（W. Sidney Allen）曾说过，"语言学家的福音书由说话者所提供的每一个词组成——根据福音的定义，这些词本不可能是错误的"，然而"作为语言学研究的原则问题，无论说话人如何描述他的语言（并非指语言的内容），都必须被假设为错误的"。这种说法有些夸张了（说话者可能会出现口误，而且他们对其语言的描述也不会是100%错误的），但这一警告是合理的：人们实际说话的方式是语言学家研究的对象，我们不能假设人们针对其语言使用所持的观点是正确的。人们经常会否认自己使用了非标准的语言形式或非正式的口语形式。在他们想象中，自己可能从未在想表达 *Get them*（拿到它们）时却说了 *Get'em*，等等。当语言学家向他们提供相关证据（有时甚至是他们讲话的录音）证明其的确犯了错误的时候，他们往往会大惊失色，甚至心烦意乱。

在很多情况下，人们都可能会在谈到自己的语言模式时表述错误，或是心存戒备。因为人们经常听到标准英语，但却时不时会使用 AAVE，并且在某种程度上将这两种方言交叉使用、混合使用或是在它们之间来回切换。他们从未将 AAVE 视为一种需要谨慎描述的东西，却经常被别人告知这是一种"糟糕的英语"，以及他们应该为说这种英语而感到羞耻，就像说突尼斯方言的哈比卜一样。在社会语言学的研究工作中，其中一项"副产品"，就是可以治愈那些因为说母语而受到蔑视的群体所承受的伤害。

可理解度的不对称性

社会语言学家具备人类学家和社会心理学家所拥有的技能，经常会研究那些非标准方言或名声不佳的语言的属性，因为这些语言就像天然实验室，可以供社会语言学家研究各种语言现象。我意识到，社会语言学家在对这两类语言研究中发现的事实，有非常重要的实践性意义。

人们会自然而然地期望，语言或方言之间的可理解度是对等的。也就是说，假如说语言 A 的人可以理解说语言 B 的人，那么说语言 B 的人应该也能理解说语言 A

的人。这种想法听起来合情合理,而且似乎是显而易见的,可是事实却并非如此。语言学家汉斯·沃尔夫(Hans Wolff)在1959年发表的论文中提到,嫩贝语(Nembe)和卡拉巴里语(Kalabari)这两种西非语言因为过于相似,而被语言学家归类为同一种语言中的两种方言:

> 奇怪的是,这两种语言虽然有着高度相似性,它们之间的可理解度却与我们期待的恰恰相反。使用嫩贝语的群体坦然地承认,卡拉巴里语和嫩贝语具有相似性,并声称能够听得懂卡拉巴里语。然而,卡拉巴里语的使用者则声称,嫩贝语是一种非常不同的语言,他们除了能认识个别单词,几乎无法理解这种语言。卡拉巴里语的使用者并不认同嫩贝语使用者对于可理解度的观点。他们坚持认为,只有当每一个说嫩贝语的人都克服困难去学习卡拉巴里语时,才能达到嫩贝语使用者声称的可理解程

度。与此同时,他们傲慢地认为,让任何说卡拉巴里语的人都费心去学习嫩贝语,这种想法绝无可能,简直是白日做梦。笔者试图达成某种折中的结果,却始终没能成功,不得不为这两个群体设立各自的拼字法。

为什么出现这种情况呢?沃尔夫继续观察发现,这其中还涉及非语言的因素:

> 卡拉巴里人(the Kalabari)是(非洲)三角洲东部目前为止规模最大、经济最繁荣的群体。他们认为嫩贝人(the Nembe)是乡下来的穷亲戚,地位肯定比自己低下。

因此,富裕兴旺的卡拉巴里人很少注意到较为贫穷的嫩贝人,没有学会理解他们的语言,更不屑于去学习嫩贝语。与之相反的是，嫩贝人则会关注经济更加繁荣的卡拉巴里人的语言，并声称可以理解卡拉巴里语。如今，语言科学开始与社会科学结成同盟。上述两种语言密切相关，在语法和语音上也很相似，如果你懂得其中一种语言，那么对于另一种语言，只需仔细观察就可以轻松理解。不过，尽管穷人（嫩贝人）密切关注富人（卡拉巴里人）的语言（总会有些好处），但富人没有必要去关注穷人的语言（何必多此一举）。这就是为什么你会发现，在语言学上这两种语言毫无疑问是几乎完全相同的，但它们之间的可理解度只是单向的。

大大小小的各种语言

在上文中，我已经举了几个例子来说明，想要对语言实际模样以及某个语言片段所表达的含义做出细致分析，需要考虑社会与语言之间的利害关系（其重要性超出了许多人的意料）。但是，在很大程度上，语言学的重要性并非在于它所取得的成果（这些成果随着时间的推移而逐渐演变，并且经常被推翻或反驳），而是对何种研究更为重要所持的整体观点发生了何种改变。这指的是，对于我们应该关注以及重视的事物，大众所持看法在道德层面产生的演变。其中一个有趣的例子就是手语（sign languages）。

仅仅在几十年前人们还认为，聋人使用的手语交流只是一种用来表达模糊需求和感受的未成型手势。（聋哑学校里的）老师并不支持使用手语，甚至会惩罚使用手语的孩子。他们强调要使用唇读和书面交流，并完全规避涉及手势的任何动作。直到语言学家开始对手语交流的系统进行认真分析之后，人们才清楚地了解到，原来这种全方位调动的语言与口头说出来的语言居然有这么多共通之处。爱德华·克利马（Edward Klima）和厄休拉·波鲁吉（Ursula Bellugi）等先驱，不仅仅对语言学研究的一个领域颇为熟悉，而且在开始研究美国手语（American Sign Language）之后，创造出一个新的领域。

只有外化媒介才能界定两种语言之间的根本区别：说话涉及声音输出和听觉输入，手势则涉及动作表达和视觉感知。语言学家如今讨论的实际上是"手语音系学"（sign-language phonology），这并非是因为他们不明白 *phono-* 这个词根来源于希腊语中的"声音"（voice）一词，而是由于他们发现，手语动作中的微观细节大部分是与音系相对应的。真正的手语凭借着手指、手部、手腕、手臂、肩膀和脸部的动作，以高度复杂和精细的关节运动，取代口语中的语音和音系。有趣的是，熟练掌握手语的人并不会盯着对话者的手部，而是注视着他们的脸，并用余光从手和手臂的动作中获取信息。在一连串的手势中，每个手语符号都暗含着对下一个符号的细微影响。在手语中，存在着针对整体形态的结构性约束条件，以及相契合的句法结构，就如同口语表达中的发音词汇应符合其语法。

　　手语不是某种用手势来拼写字母的口语替代品。(偶尔也会出现一些书面语言中的单词需要拼写出来，只是因为没有还确定的口语翻译，但并不是普遍情况。)大多数的手语也并非形象地表现某种东西的外貌。一些手语的确有形象方面的表达（如：一只手向嘴部挥动，可能表示吃东西；向地面移动的手势，表示"向下"或"低于"的概念）；但是有些手语显然相当随意的，手部的形状和手臂动作都未显示出某个手语符号在语义上代表什么，正如一个词语的发音通常不会告诉你它的含义（*big* 意为"大"，却是一个短小的词，而 *microscopic* 意为"微观"，却是相当长的一个词；像 *bang* 和 *whoosh* 这样的拟声词其实很罕见）。但关键的一点是，手语拥有自己的语法：主语、宾语、动词、副词，以及如何组织这些成分的条件，等等。

总有报道说，人们已经成功地教授灵长类动物（除人类外）使用手语。然而，这类报道被荒谬地夸大了。有人制作了一系列视频，记录华秀（Washoe）和尼姆·齐姆斯基（Nim Chimpsky）等黑猩猩以及一只名叫可可（Koko）的大猩猩是如何在人类的教授下学习美国手语的。但是，这些视频不能被视为它们可以熟练使用人类手语的证据。虽然人们煞费苦心地教会了猿类使用一些手势，但它们似乎主要是在模仿训练师之前比画的手势，并且它们从未将这些手势组合起来表达陈述句或是疑问句。将这种任何偶然出现、断断续续的猿类手语动作，与电视上的人类手语翻译（哪怕是半分钟）进行比较，你就会意识到，猿类的手语动作是否类似于美国手语的这个问题压根不值得讨论。我认为，这种问题对于使用手语作为母语的人士来说是极具侮辱性的。你会发现，没有哪位专业的语言学家会说华秀、尼姆或可可表达了手语语句。

不论是手语、克里奥尔语（creole languages）还是地域性方言，都能够作为实例证明人类的语言表达能力。我们需要全面细致地了解这些语言是如何被精妙地使用的，语言不仅是用来随意地谈论主题，还可以表明语言使用者的身份和社会地位。这不只是学术界出于学术目的所做的追求，也开辟了对社会结构和人类多样性的崭新理解。

第五章

能够理解人类的机器

*　*　*

"把舱门打开,哈尔。"

"对不起戴夫,我恐怕不能那么做。"

"出什么问题了?"

"我想你知道问题是什么,就像我一样。"

每个看过《2001 太空漫游》(*2001: A Space Odyssey*)都记得那个令人不寒而栗的场景。被船员称为哈尔(HAL)的人工智能机器,因为对使命的狂热忠诚,将戴夫·鲍曼(Dave Bowman)锁在外太空里。哈尔把戴夫定义为对工作使命的威胁,因此必须将其淘汰。

哈尔说着一口流利优雅的英语,直呼了戴夫的名字,并为自己拒绝执行他的命令而道歉。同时,它礼貌地解释了为何会拒绝打开舱门,还特意使用了表达遗憾的精神状态的惯用说法:"我恐怕……"(I'm afraid ...)哈尔甚至对戴夫可能产生的心态表达了理解:"我想你知道……"(I think you know ...)这件事情之所以如此可怕,是因为哈尔在理解当前状况的基础上,不仅形成了完整的思想,还精确地表达了它们,甚至凭借直觉知道了人类的思想状态。

这部电影上映于1968年,那时,电影名中的"2001年"似乎还遥不可及。但是,当时仅17岁的电影迷们只等待了一年,就看到了真正的人类登陆月球(1969年7月)。等到2001年真的到来时,这批观众才刚满50岁。从那以后,另一代人出生、长大,然后从学校毕业。可是,如今不仅没有定期飞往月球的航班(自1972年后,人类再也没有去过月球),更不用说在那里建基地了。而且在我们所有的技术中,电影中哈尔的语言能力也并未体现在机器人、计算机、智能手机或其他设备上。当你使用准确无误的英语向计算机发送电子邮件问一个简单的问题时,你甚至无法得到一个正确的答复。

早在20世纪80年代,对连续语音的机器识别似乎是技术发展的最大"绊脚石":从高度可变的连续声音流中分离出所含单词,似乎是一项相当棘手的任务。而合理地处理输入的句子看起来则容易得多,因为英语语法和分析算法已经比较成熟了。相反,语音识别却先一步成为现实。借助于关于语音的大量统计事实、统计计算的灵巧算法以及具有千兆字节的随机存取存储器(RAM)和磁盘空间的硬件,语音识别取得了显著的成功。 如今,机器很擅长于猜测你刚刚说过哪些单词,通过电话来识别也不在话下。如果你先前的谈话曾被机器用来当作练习材料,那么语音识别的效果会更上一层楼。与此同时,我们的技术水平却几乎无法理解书面的句子。 设备可以猜出你说出哪些单词,却无法加工这些单词:它们没有表现出一丁点对实际语言的理解。

为了掩盖机器不理解语言的这一事实,人们可费了不少脑筋。其中一项业务虽然微小但很有趣,就是将大量的恶作剧和小惊喜嵌入交互式语音驱动软件中,也就是我们说的"彩蛋"(Easter eggs)。如果你使用苹果公司的 Siri、亚马逊的 Alexa 或微软的 Cortana(三款均为智能语音助手),并要求它们打开舱门,你通常会得到与电影《2001 太空漫游》相关的回应。谷歌的 Allo 即时通信应用程序一度设置的答案是:舱门外面的花盆底下有一把备用钥匙,你可以自己开门进来。Siri 是苹果手机(iPhone)自带的语音助手,它最为著名的就是拥有许多诙谐而机智的内置响应,用来回答人们关于表白、求婚、想要一个三明治或上帝是否存在等问题。

这些小把戏完全取决于海量的数据存储:一个存储着数万个常见问题答案的数据库。你可以把它想象成一个庞大的组合列表:每个组合中的第一个元素是一句话(实际上只是由数字表示的对类似声音的描述);第二个元素是一个指令，如果识别出第一个元素，就应该输出什么样的音频。这回答中，有一些属于彩蛋，如表3所示；剩下的则是为相对比较无聊的问题所提供的合理答案，或是使设备运行相应搜索的触发机制：*Where can we eat around here?*（附近有可以吃饭的地方吗?）可能会触发地图搜索，找到手机当前位置方圆一公里内被标记为餐厅的商铺，等等。但是，这种机械性的自动触发响应与理解句子并无关系。这只是在虚张声势罢了，依据的主要是人们常用问题的统计数据。计算语言学家马克·斯蒂德曼（Mark Steedman）将这种基于统计的信息检索描述为"愈发擅长于回忆已经众所周知的东西，理解过去常说的话"。

表3

如果下列语句被识别	将会输出
Do you believe in God?（你相信上帝吗?）	*I eschew theological disquisition.*（我不做神学研究。）

(续表)

如果下列语句被识别	将会输出
Will you marry me? （你愿意嫁给我吗？）	*Let's just be friends, OK?* （我们只做朋友，好吗？）
Make me a sandwich. （给我做一个三明治。）	*I can't. I have no condiments.* （我办不到，我没有调味品。）
Set phasers to kill. （相位武器开火击杀。）	*That's a feature for a later version.* （这是将来版本的一个功能。）
……	……

搜索框里的文字

在过去十年中，谷歌一直在稳步地调整其搜索引擎，以便为大量常见问题提供合理的答案（这也强调了斯蒂德曼的观点）。考虑一下，如果你把下列文字放在谷歌搜索框中会发生什么（我在举例放进搜索框的单词时，会忽略掉所有标点符号和大、小写，这是为了提醒你，谷歌在开始运作之前会剥离这些信息）：

> what is the square root of 6389
> （6389 的平方根是多少）

如果在谷歌发展早期阶段将该内容输入并搜索，谷歌会调出包含字符串 *6389*、*root*（根）、*square*（平方）和 *what*（什么）页面的 URL（统一资源定位符）列表。（如果调出包含单词 *is*，*of* 和 *the* 的页面则不起任何作用，因为毫无疑问，这些单词出现在几乎每个页面当中。因此，普遍存在的单词可以直接忽略掉。）接着，谷歌会将那些具有最大影响力的页面排在列表顶部。但如今，谷歌会筛选出与寻找平方根高度相关的页面，并在页面顶部提供一个可以使用的计算器，显示这个问题的实际答案。

但是，**谷歌并不是在理解问题的基础上完成这项任务的。**

谷歌无法从列表里辨别完整语句，因为不管输入什么数字它似乎都能给出结果。技巧在于匹配常见框架：符合 *what is the ... of ...*（……的……是什么）句型的任意单词序列，如果第一个空是一个常见的一元数学函数如"平方根"（square root），第二个空是一串数字，那么谷歌就会在页面显示出计算器。

谷歌的编程系统似乎已经有能力处理数百个（或许是数千个）类似的模式。如果第一个空填了 *capital*（首都）或 *capital city*（首都城市），谷歌会立即（甚至在你完整键入问题之前）假设第二个空应该会在国家、州、省和县的名单上查找。键入"U"之后，它开始给出填补第二个空的搜索建议["USA"（美国）？"Ukraine"（乌克兰）？"Uruguay"（乌拉圭）？"Uganda"（乌干达）？"UK"（英国）？]。接着，在识别任何国家或州名称（甚至是这种名称的常见错误拼法）之后，它将会立即显示相关首都城市的一系列信息。

但是，将同一个问题中的单词以某种随机顺序输入搜索框，首页会呈现出大致相同的搜索结果以及信息框。不过，当随机排列这些单词之后，所获得的匹配结果往往会更多（可能是十倍）而不是更少。这是因为谷歌的算法不仅关注单个词汇，还关注搜索框中单词列表的子序列。常用的子序列，如 *what is*（什么是）和 *capital of*（的首都），会极大地缩小搜索范围。当搜索框中的单词序列只能给出非常有限的线索时，针对现实情况下哪些单词总是同时出现的统计工作就非常有必要了。把 *Uzbekistan*（乌兹别克斯坦）和 *capital*（首都）以及 *what*（什么）输入同一个搜索框内而看不到 *Tashkent*（塔什干，乌兹别克斯坦的首都）的可能性实在太小了（不管怎样，即使用户真的不需要，在搜索页面显示包含关于塔什干的信息，也不会带来任何负面影响）。

上述这些都与理解句子无关，也没要求要符合语法结构（*what* 在疑问句中作代词，*is* 属于辅助动词，在疑问句中的某些情况下,这类辅助动词出现在主体名词短语之前,等等)。懂英语的人一般会下意识地依靠语法规则去理解问题,即便这些问题描述的是那些根本不可能发生或者出人意料的事情。谷歌根本无法达到这种程度,它只能依靠成千上万的用户在历史搜索中留下的常见问题框架来处理问题。

会神秘语言的聊天机器人?

当前的网络搜索技术并不具备真正意义上的语言处理能力,我之所以一直在强调这一点,是因为大多数人早就愿意去相信计算机能够理解人类语言了。在他们的想象中,在谷歌搜索框中输入问题之后,计算机至少能够确确实实地理解这个问题的某些方面。或许,他们甚至还认为,谷歌的计算机能够阅读并理解他们通过谷歌邮箱

（Gmail）发送的电子邮件。简而言之，他们非常愿意相信，计算机正在进行思考和理解。但事实恰好相反。

2017年，脸书（Facebook）做的一系列实验研究受到媒体的广泛报道。它研究的是两个聊天机器人（用于模拟对话的计算机程序）是否可以学习协商虚构的商品（球、帽子和书籍）的价格。在一次运行中，随着模拟对话的不断进行，对话开始变成这样：

鲍勃（Bob）：我可以我我其他的一切……（i can i i everything else ...）

爱丽丝（Alice）：球有零对我对我对我对我对我对我对我对（balls have zero to me to me to me to me to me to me to me to me to）

鲍勃：你我其他的一切……（you i everything else ...）

爱丽丝：球有零对我对我对我对我对我对

我(balls have zero to me to me to me to me to me to me to me)

记者在文章中写道,这项实验不得不被中止,因为这两个机器人发展出了一种科学家无法理解的新语言。《新闻周刊》(Newsweek)甚至不无夸张地说,看起来,谈判机器人似乎会变成"潜在的怪物:机器人可以毫无同情心地达成协议,为了得到想要的东西会无所不言,还可以操纵自身语言,使得人类无法确定其讲话内容,也不能将它与人类区分开来"。文章还说:"如果我们不提高警惕的话,这样的机器人可以统治世界。"

这些记者真的随随便便就相信了这种事情吗?还是说,他们之所以这样胡说八道,是因为他们心里清楚,我们会像小猫遇到牛奶一样照单全收呢?在上文中,两个机器人的胡言乱语给我们带来的教训是:当人们训练极其复杂的计算机程序,使其熟悉从大量复杂数据中找到的模式，并通过编程将计算机的表现结果反馈给它们，帮助进行其下一阶段的学习时，它们只要处于训练制度并未确定合理输出的情况下，就会产生奇怪且明显随机的效果。它们所产生的胡言乱语绝对没有任何意义。

几个月前就已经有人注意到，谷歌翻译软件上出现了类似的情况。在谷歌翻译中，输入无意义的重复序列，所翻译出来的结果可能是十分怪异且明显随机的，甚至像一首奇怪的现代诗歌。一位研究者发现，将 *nu nu* 从日语翻译成英语，结果会出现 *unlikely*（不太可能），但 *nu nu nu* 则会翻译成 *muco*，这个词在西班牙语和意大利语中的意思是"黏液"；输入 *nu nu nu nu* 后的结果是 *a lukewarm*（不冷不热）；而 *nu nu nu nu nu* 则翻译为 *rainy season*（雨季）。随着实验继续，会出现越来越多的古怪结果。

如果输入 28 次 *nu*，输出的翻译结果将会是 *evening a cute buttery crown*。这并不意味着这个无意义的序列与

"晚上一个涂满黄油的可爱皇冠"的意义之间存在任何联系,更不能认为谷歌翻译会这么想。输出的结果只是将一个极其复杂的计算机程序驱动到服务器的一个准随机结果,其训练没能给它能够依据的先例,并且不允许它做任何合理或有用的事情。

机器问答会是什么样的

毫无疑问,谷歌翻译并未做任何类似于理解句子的工作,甚至连一丁点儿尝试都没有。谷歌搜索的引擎也没有假装试图去理解你在搜索框里输入的单词序列。可以证实这一点的方法就是提一个问题,问题的答案既普通又简单,而且不需要任何查询。请尝试将下列内容放入谷歌搜索框:

> 需要人的人需要人吗
> (do people who need people need people)

页面中会出现成千上万的匹配结果,排名最高的是关于芭芭拉·史翠珊(Barbra Streisand)和/或1964年由朱尔·斯泰恩(Jule Styne)和鲍勃·梅里尔(Bob Merrill)创作的歌曲《人们》(*People*)。虽然这个问句的答案显然为"是",却没有任何结果是给出这一答案的。

我们还可以用一种方法来验证问题是否真的没有被理解。请在搜索框中输入如下句子:

> 美国有哪些州没有与其他州接壤
> (which states in america have no land neighbours)

搜索结果显示出大量的页面,起码有成千上万个,关于边界、国家、州、邻居、接壤、新西兰、中国、美国、赞比亚、边界争端、内陆国家等各种话题,但却没有一个是正确答案:夏威夷和阿拉斯加。看起来,谷歌在拼命想要找到可能对我们有帮助的东西,结果却无功而返。当然,失败的原因在于这条短语并没有被理解:*states in America*(美国的州)并没有被识别为将结果限定于美国各州的一个短语;而且最重要的是,*no land neighbours*(没有接壤的邻州)没有被识别为与 *some land neighbours*(一些接壤的邻州)相反的短语(就意义而言,符合"没有接壤的邻州"条件的那些州恰好不符合"有一些接壤的邻州"的条件,反之亦然)。

但是,谷歌无法找到正确答案,并不仅仅源于 *no* 或者 *not* 这样表示否定的指示词。考虑一下这个例子:

> 哪一个州和与得克萨斯州接壤的州接壤
> (which states border american states which border texas)

谷歌找到了关于州、边界、得克萨斯州、移民、墨西哥等的数十万页的网址,但正确答案却不见踪影。

然而,将这些词语符串作为问题来处理并找出答案,对于计算机来说并不会太费力。让我们简单地看一下,在下列几种情况下计算机是如何完成这一工作的。

我们会从 *Do people who need people need people?*(需要人的人会需要人吗?)这句话开始。这种从句被语法学家称为封闭式疑问句,因为这种问句的形式决定了它的所有合理答案处于封闭列表之中(即合理答案的数量是有限的)。在本例中,答案列表中仅包含"是"和"否"。让我们思考一下,计算机运用了什么方式得出正确答案为"是"。

people(人)是所有人类的集合;*need people*(需要人)是一个动词短语,表示了一种感到有必要与人类产生联系的属性。我们把该属性称为 p_1。*who need people*(需要人的某人)组成了一个关系从句,可以改变它修饰的名

词的参考条件，将该名词缩减为拥有属性 p_1 的子集。因此，*people who need people*（需要人的人）就可以挑选出那些拥有属性 p_1 的那部分人群。我们称之为 H 集。这个问句是在要求我们判定 H 集中的成员是否具有 p_1 属性。当然，根据 H 集的定义，它们都具有该属性。所以答案是"是"。

现在，让我们考虑一个开放疑问句。在语言学层面上能够回答开放疑问句的恰当答案是从一个无限大的列表中选出来的。如果我们把 *Which states border American states which border Texas?*（哪一个州和与得克萨斯州接壤的州接壤？）视为疑问句，那么对应的州名列表将会是恰当答案。

要查找列表中符合正确答案的州，我们首先需要理解动词 *border*（相邻）的含义。当且仅当一条线段可以从其中一个州中的点连接到另一个州中的点，而且这条线仅穿过一条州边界时，一个州与另一个州"相邻"。

观察地图显示，从得克萨斯州（TX）开始的线段，可以连接到新墨西哥州（NM）、俄克拉荷马州（OK）、阿肯色州（AS）或路易斯安那州（LA）。记录此类信息的数据库可以简单地看作相邻州的配对列表：<NM，TX><OK，TX><AS，TX><LA，TX>，等等。（请注意，当 <X, Y> 在数据库时，<Y, X> 也必须在，因为在两个相邻州之间驾驶可以有两个相反的方向。）一位化名为"ubikuity"的计算机程序员曾编写了一个计算机程序，用从公开资源获取的数据构建了上述的数据库，并将其发布在 GitHub（一个社交编程及代码托管网站）上。[1]

想要回答上文的问题，需要提供包含每个 S 州的列表，使得 <S, TX>（以及相对应的 <TX, S>）存在于数据库中。让我们考虑一下如何通过所讨论的句子来得到这个答案。

---

[1] 请参阅：https://github.com/ubikuity/List-of-neighboring-states-for-each-US-state（2018 年 1 月）。

语言学家会画句子结构图，通常被称为树形图（tree），包含分支线，以及由分支线连接而成的一组带有标记的点。通常在顶端设有一个被称为根的特殊点，由根开始，可以沿着各个分支到达任何其他点。每个点都标着单词或短语的类别名称。*Which states border American states which border Texas?*（哪一个州和与得克萨斯州接壤的州接壤）的结构如图 1 所示。每句话都由几个表达连贯语义的部分组成，组成这些部分的单词序列的上方都标有一个独特的标签，指代其语法类别：*American states*（美国各州）是名词短语，*border Texas*（与得克萨斯州接壤）是动词短语，*Texas*（得克萨斯州）又是一个名词短语（由单一成分组成的称为名词）等。这些被标记的类别叫作成分。（这里要明确一点，*states which* 不能算作成分，因此它没有标记；它只是一个偶然出现的并列，*states* 是名词短语的后半部分，*which* 是关系从句中的第一个成分中的首个单词。）

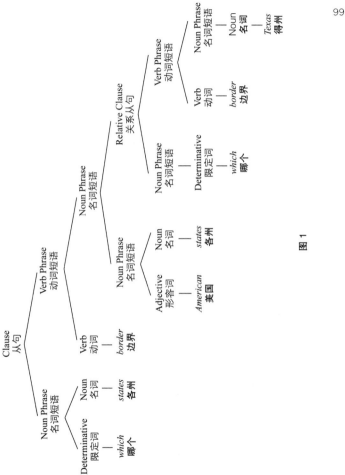

图 1

表 4

序列	单词顺序	类别	意义
A	American states	名词短语	美国 50 个州的合集
B	border Texas	动词短语	该州属性：只需驾驶经过一个州的关卡，便能进入得克萨斯州
C	which border Texas	关系从句	该条件具有 B 属性
D	American states which border Texas	名词短语	从属于 A 且符合条件 C
E	border American states which border Texas	动词短语	该州属性：能够直接驾驶通过关卡进入任意一个符合 D 的州
F	which states border American states which border Texas	从句	询问具有 E 属性的州名

这种类型的图表可以通过计算机程序快速有效地从一系列单词中构建出来。这种程序可以获取一些语法规则,例如"动词短语可以由动词和名词短语组成","名词短语可以由名词短语和关系从句组成"等。

一个包含各州州名及其邻州的数据库,已经足够能使计算机找出图1需要的问题答案了。虽然这些信息烦琐得令人挠头,然而事实上,计算机非常善于用它来解决问题;这也是人们擅长的方法,当我们与他人交谈时,我们的大脑里每秒钟都在进行这样的计算。表4按A至F的顺序列出了主要成分,并显示出语法类别及含义(具体来说就是字面意义,此处忽略了其他层面的含义)。

计算机程序可以从图1中的各个部分开始构建该从句的全部含义(表4中的F)。有了这个访问数据库的权限,它就可以回答这个问题。要确定亚利桑那州是否具有属性E(它与得克萨斯州接壤的邻州接壤),你只需要

找到 S 州，使得 <AZ, S> 以及 <S, TX> 都在数据库中。而 S = NM 符合条件。因此亚利桑那州有属性 E，应在问题要求的列表中。

理解和我们刚刚考虑的那个句子类似的句子的含义以及查找问题的答案，对于计算机程序来说都非常简单。前提是它能够进行如图 1 所示结构的句法分析。

处理自然语言的需求

我刚刚简要介绍了计算机实际上是如何回答问题的。这引发了一个问题，即在将来的某个时间点，普通公众是否会期待拥有可以完成上述事情的计算机程序。目前来看，谷歌似乎满足了大多数用户的需求。它完成用户搜索任务的成功率或许达到了 90%，这使得人们很有可能找到自己心中所想的任何问题的答案。而且，在未来的几年内,谷歌将可以在大部分情况下满足大多数人的需求。然而,剩余大约10%的问题是否仍能用相同方法来处理,我对此抱有很大疑虑。

我相信,人们最终会意识到,他们有必要去探索剩余的那10%的问题。公众对获取信息的渴望是无止境的,而且愈发追求高速度:他们不愿意浪费时间去排查充斥着无关内容的网页。现代计算机拥有回答问题的能力,也具有相应的速度,而不仅仅是抛给人们一个网页列表,却不能保证能否在其中找到答案。几乎每个人都习惯在键盘上(或是键盘替代品,比如手机上)键入句子。我们最终会希望计算机能够理解我们用简单的英语句子提出的问题。

届时,信息产业将有必要对语言学家过去五十年的研究成果加以利用。我们需要对英语的句法规则做出完全准确的定义,对于规则允许范围内的任何句子,我们要明确计算机处理其字面意义的原则。到了那时,信息产业将会需要语言学。而对于语言学家来说，实践出真知的时刻来临了：我们会看到目前我们对句子结构和意义的理解是否能成功融入工作系统，换句话说，语言学的进步程度是否足以支持工程学的发展。

一旦计算机可以完全准确地理解问题，计算机语法分析的其他用途就出现了，例如校对文字和检查无意的打字错误。你可能认为这项技术已经研究出来了，因为市面上有一些商业产品（包括微软文字处理软件Microsoft Word）声称可以提供相关服务。但是，这些产品的表现却不尽人意。

我曾经做过一个小实验，验证自己曾经经历过的一件趣事。我先是随机选定了一本书，然后把书里最开始的几句话输进Word文档。以七个词为一组，我删去了所有偶数组的词汇（如保留第1—7个词，删除第8—14个词，等等），从而使文档变得残缺不全。接着，我用Word for Mac 15.17版（151206）中内置的语法检查器对其进行检查。我选择的文字是奥斯卡·王尔德(Oscar Wilde)文风华丽的文学小说《道林·格雷的画像》(*The Picture of Dorian Gray*)中的前三句话:

The studio was filled with the rich odour of roses, and when the light summer wind stirred amidst the trees of the garden, there came through the open door the heavy scent of the lilac, or the more delicate perfume of the pink-flowering thorn. From the corner of the divan of Persian saddle-bags on which he was lying, smoking, as was his custom, innumerable cigarettes, Lord Henry Wotton could just catch the gleam of the honey-sweet and honey-coloured blossoms of a laburnum, whose tremulous branches seemed hardly able to bear the burden of a beauty so flamelike as theirs; and now and then the fantastic shadows of birds in flight flitted across the long tussore-silk curtains that were stretched in front of the huge window, producing a kind of momentary Japanese effect, and making him think of those pallid, jade-faced painters of Tokyo who, through the medium of an art that is necessarily immobile, seek to convey the sense of swiftness and motion. The sullen murmur of the bees shouldering their way through the long unmown grass, or circling with monotonous insistence round the dusty gilt horns of the straggling woodbine, seemed to make the stillness more oppressive.

（画室里弥漫着浓郁的玫瑰花香，夏日的轻风拂过花园中的树木，大门一敞，馥郁的紫丁花香气，或是粉色荆棘花的淡雅清香就会飘然而至。亨利·沃登勋爵按照平时的习惯躺在波斯皮革的长沙发上，一根接着一根地抽烟，数不清是第几根。从沙发的角落望去，他正好能看见闪烁着的金莲花，拥有蜜一般的甜蜜,又如蜜一般橙黄。不断抖动的树枝,似乎难以承载这火焰般美丽的花儿。时不时有鸟儿掠过,在配有柞蚕丝绸窗帘的巨大窗户下投下影子,一瞬间带来日本画的效果,不禁让勋爵想起东京那些面色苍白的画家。这些画家通过静态的艺术手法,力求表现出飞速的流动感。蜜蜂在未曾修剪过的长草之间穿行,或是一味单调地围着金黄色的忍冬花灰蒙蒙的花蕊打转,它们沉闷的嗡嗡声似乎使这沉寂愈发压抑了。)

Word 没有报告错误,除了提示 *flamelike* 和 *tussore* 两个单词的拼写在字典中查询不到。然后,我通过省略所有偶数组的七词序列(省略第 8—14、22—28、36—42 个等的单词)来篡改这个篇章,产生下列这篇更为短小的胡言乱语之作:

105

The studio was filled with the rich summer wind stirred amidst the trees of door the heavy scent of the lilac, pink-flowering thorn. From the corner of the was lying, smoking, as was his custom, catch the gleam of the honey-sweet and branches seemed hardly able to bear the theirs; and now and then the fantastic the long tussore-silk curtains that were stretched a kind of momentary Japanese effect, and painters of Tokyo who, through the medium seek to convey the sense of swiftness bees shouldering their way through the long round the dusty gilt horns of the more oppressive.

（画室里弥漫着浓烈的夏日轻风，在门口的树丛中，飘荡着紫丁花或是粉色荆棘花的芬芳。在角落里躺着，他照常抽着烟，闪烁着蜜糖般的微光，树枝似乎很难忍受这样。之后，奇妙的长丝绸窗帘延展了一种短暂的日式效果，东京的画家们通过这种媒介试图用蜜蜂的迅捷感传递尘土飞扬的镀了金的角,显得更加压迫。)

令人惊讶的是,Word 并没有报告任何错误。Word 软件的语法检查非常原始,仅限于发现日常生活中被弃用的短语或公认的极其简单的错误。它确实有一些改对的地方:我发现,如果将乔治·W. 布什(George W. Bush)的那句著名的口误 *Is our children learning?(我们的孩子是否在学习?——使用星号作为前缀,以表示它是一个不合语法的句子)输入 Word 中,它会正确地建议将句子中的 is 改成 are。然而,如果我输入 *I do not work as a teachers(我的工作不是一位老师们),它就会建议将其修改为 *I do not work as some teachers(我的工作不是一些老师们)。对上文中的一整段故意构造出来的胡言乱语,它没有标记出任何一个错误。在我看来,Word 的语法检查工具几乎毫无用处。在过去的几十年里,Word 软件当之无愧地成为最能说明语言学家在句子结构方面的研究成果亟需得到应用的例子。

就连拼写检查也不可靠(尽管我们迫切需要这种帮助,鉴于英语拼写系统总体来说有着不一致性和复杂性)。目前的产品基本上都仅限于发现字典中没有的单个字母串。比如你本来想用 bare(裸露的)结果却误打成 bear(熊),这种错误很难被拼写检查发现。有的时候,使用另外一个单词往往会使句子不符合语法:*The landscape looked completely bare*(这景致看起来十分空旷)是符合语法的,而 **The landscape looked completely bear*(这景致看起来十分熊)却不知所云。再比如,*Outside the cabin we saw a brown bear*(我们看到木屋外有一只棕色的熊)是符合语法的,但 **Outside the cabin we saw a brown bare*(我们看到木屋外有一只棕色的无遮挡的)却不是。目前我尚未发现市面上有哪种商用的拼写检查软件能够检查出此类错误。

即使我们将范围缩小到写作技术上的极其基本的帮助，当前的文字处理和编辑软件也几乎没有为我们提供任何语法方面的辅助。思考下列这个常见错误：在使用圆括号来表示句子中的插入语的时候，整个句子是在括号内结束而不是在括号外结束的。为了展示生活中的实例，我浏览了计算语言学家经常使用的一个由《华尔街日报》（*Wall Street Journal*）的 200 万个句子组成的测试样本。每 11 个准确使用右括号的句子后，就会出现这种类型的错误：

Critics claim, however, that St. Petersburg lacks enough hotel rooms to support the conventions (though Mr. Obering believes the stadium will encourage construction of more.)

然而，批评者声称，圣彼得堡缺乏足够的酒店房间来支持这些会议（尽管奥伯林先生认为体育场将会鼓励建设更多的房间。)

我只需要阅读大约15000个包含".)"的句子中的12个——也就是句子总量的0.08%，就可以找到一个错误的案例。这表明，这种错误可能很常见。它可以通过对句子边界和括号较为敏感的程序轻松地得到纠正。然而，即使到目前为止，要实现这一件仍旧需要一些严肃的语言学的帮助。"句子"的定义不仅仅是"以大写字母开头，后面跟着字母和数字序列以及非结束的标点符号，并以结束句子的标点符号为结束"。一些句点符号存在于缩写 [*etc.*（等等）、*Con.*（意义很多，此处不列举）、*Mr.*（先生）、*i.e.*（也就是）、*U.K.*（英国）以及数千个其他例子] 之中。简单的定义会得出错误的结果。想要找出句子开始和结束的位置，需要进行语言学研究人员所熟悉的那种严格的语法分析。

只有依靠语言学家和软件工程师之间的通力合作，

文字处理技术（或其他对文本敏感的软件：排版机器、博客平台、文字至语音转换系统、光学字符识别程序等）才能达到在关键层面上进行文本检查的程度。即使是对语法和标点符号的简单机械的机器校对，当今的技术也无法实现。如果我们想要实现这一目标，注重细节的精确建模将是至关重要的，而语言学将在其中发挥重要作用。

与机器人交谈

与计算机程序甚至是机器人的真实对话，已经远远超出基本的语言理解任务。我们遇到了一个奇怪的事实：诱导用户相信人机对话已经完全实现，比让他们相信这种对话实际上只是部分实现还要更容易。一旦用户被成功哄骗，相信他们真的正在（与计算机）谈话，那么问题来了：现在再告诉他们真相还有多大意义呢？

这是一个概念性问题。阿兰·图灵（Alan Turing）曾于1950年在哲学期刊《心智》（*Mind*）上发表了一篇论文，其中便提到：如果你无法辨认你在电脑终端上的信息是人类还是机器回复的，那么为什么只有当人类参与时这种回答行为才被视为是智能的，而如果是计算机给出了答案则否认这种回答行为是智能的呢？为什么计算机不能被认为是智能的呢？

1966年，约瑟夫·魏泽鲍姆（Joseph Weizenbaum）曾（无意中）强调了这个问题，证明隐含的测试对于机器来说太容易了。他编写了一个名为ELIZA的程序，该程序在输入的句子中查找模式和关键词，并以脚本为基础实施某些简单的操作，从而根据输入生成输出的句子。最著名的脚本名为DOCTOR。它让ELIZA模拟罗氏（Rogerian）治疗师，通过转换用户的输入内容来提问。如果用户提到某种事物与其他事物相同，那么

DOCTOR 脚本可能会让 ELIZA 问"在什么方面?"(In what way?);任何提及父母的输入内容,都会触发"多跟我谈谈你父母吧"(Tell me more about your parents)的回复;等等。通过挖掘用户输入的单词序列来得出某种特定模式,计算机伪造出了一种非常自然的对话形式。而让魏泽鲍姆惊讶的是,一些参与测试的人逐渐表现出了像是真的在与智能实体进行有效沟通的样子。

在第一台通用目的的电子计算机 ENIAC 发布仅 20 年之后,ELIZA 于 1996 年编写完成,那时微处理器或个人计算机还远未得到开发,因此它的运行只需要很小的内存。事实上,它的资源需求非常之少,其中一个版本还作为复活节彩蛋嵌入大多数 Unix,Linux 和 Mac OS 系统都免费提供的 Emacs 文本编辑器中(通过输入"M-x doctor"来调用)。ELIZA 实验表明,我们对机器智能的测试最好不要基于一些简单的事情,比如让一位普通人相信他正在(与人)进行对话。

当然，哈尔不只是在戴夫·鲍曼的话语中寻找关键词，而是将这些关键词转化为合适的反驳，从而让他继续交谈。在本章开头提到，哈尔对于那句"出什么问题了？"的回应是："我想你和我一样，都知道问题是什么。"这句回应之所以令人害怕，是因为这表明哈尔知道戴夫所问问题的答案，但它也认为戴夫是一个有信仰和知识等心理状态的智能实体。关于戴夫可能知道什么，哈尔已经形成了一个观点，还可以将他可能的理解水平与自己的进行比较，并且可以通过表达关于戴夫回答它的能力的猜想来回答问题。这表明这是一场独立智能思维的真实互动。

除了复杂的语言处理之外，我其实并不确定机器能否提供真正的普遍智能的证据。计算机的这种与语言无关但却被推定为拥有智能的表演，开始引起媒体的注意，并被冠以"人工智能"的标题，可是在我看来并非智能行为的好例子。

计算机程序AlphaGo（阿尔法围棋）已经用实践证明，它可以击败任何人类围棋棋手。围棋是一种非常复杂的策略游戏，通过在19乘19的方格棋盘上放置棋子来占地盘。但是，AlphaGo能做的也只有下围棋，而且它甚至不知道自己正在下围棋。它只是机械而重复地遵循着内置的策略，即搜索可能的移动序列的巨大树库，在这个树库的每个分支点处都会指示如果沿着那个分支走下去的获胜可能性。它无法从现有的棋盘格局中推断出所有可能性，在每个阶段都计算可能的胜局；这样的不同结果即使是对电脑来说也太多了。在搜索结束之前，宇宙恐怕都已经毁灭了。但是，它有大量的随机样本，考虑到比任何人所能考虑的都要多得多的可能棋局，并且储存在这一过程中发现的所有有用知识。

它是通过令人难以置信的速度和大容量的内存而获胜的，当然，还有作为机器的永不疲惫以及没有预感。它没有技巧或优雅可言，也意识不到对手的策略；

AlphaGo甚至不知道对手的存在，只知道某些动作被输入了而它必须做出反应。实际上，开发者发现，创建一个更加熟练的程序的最好方法是根本不提供初始策略指令，只需让机器通过自己与自己下数百万盘棋，来学习什么（走法）是有效的。（人类无法做到这一点，但计算机的内储存器可以分为两个不允许互相访问的独立区域。）AlphaGo的活动体现的是不知疲倦、闪电般快速的自动指令追踪，而不是通常意义上的智能。

举一个例子：假如是人类的话，如果发现自己注定会在这场围棋对弈中失败，那他将会决定何时退出比赛，毕竟浪费对手的时间也是不敬的。然而，AlphaGo则必须被告知何时应该退出比赛（如果它计算的获胜概率低于20%，则会弃子认输）。程序员之所以在程序里这样写，是因为AlphaGo并不知道对手的存在，也不知道人类不想浪费自己的时间。

哈尔决定向戴夫说什么的策略和AlphaGo下围棋或

者认输的策略是没有共同点的。哈尔无法搜索所有会话的随机样本，使其能够以"把舱门打开，哈尔"为起点继续查看会话的走向。会话"招式"的选择方式是什么？谈话中的话题转变，并不是将棋子从一个方格移动到另一个方格，从而改变获胜概率；具有内部结构的复杂话语旨在传达一种特定的意义，其复杂的交际目标与影响或引发对话者的心理状态有关。话语的选择需要参考所有先前话语的内容和所有当前的现实世界里的知识，包括对话场景中的另一方之前所说话语中可能暗指的内容，以及这些暗指内容与对话的相关程度。

真正的自然语言处理将会涉及哪些方面

如果你试图编写一个计算机程序，它并不像 ELIZA 这样的脚本一样仅能做出让人难以理解的回应，而是具备哈尔冷酷地表现出的那种真正的语言智能(的起步阶段),你需要做出那些努力呢?

这将取决于语言的完整语法描述。具体来讲,让我们考虑一个具体案例,即从数据库中获取无限范围的英语问题的答案,并思考一下系统在必须完成这些事情的情况下将会需要什么。

我们将会需要一个包含英语中所有单词的列表,这个列表里有成千上万的单词,以及它们的含义和所有相关的重要语法信息。对于问题中的每个单词,我们都必须弄清楚它属于哪个类别。计算语言学家称之为标记(tagging)。查字典并不是一件小事,因为许多单词都属于不止一个类别,因此需要找到适合上下文的类别。这可能需要参考经常共同出现的单词序列的统计频率。

处理系统以前未见过的新词并猜测这些词的类别,需要一定的规则。当你遇到一个句子,而这个句子含有你不认识的完全陌生的词汇,你仍然会照单全收,并认为它是英语。这是一个很有趣的事实。如果你读到 *My scurrop is capable of troodling a bivit*，你知道下列信息：你了解到 *bivit* 可以被 *troodled*，而我的 *scurrop* 可以实现这一目标。你不知道什么是 *bivit* 或者 *scurrop* 是什么样子的，也不知道当你 *troodle* 某物时会发生什么事情；但这些不是关于英语的问题，而是关于 *bivit*，*scurrop* 和 *troodle* 的问题。我们对语法的了解与我们对单词的掌握无关；我们可以理解一个包含着我们不认识的单词的句子，在理想情况下，计算机重构句子处理时应该模仿这种能力。

然后，我们必须使用标记的单词序列，找出最合理的语法允许的句法结构，把它作为一个范例。在此我们遇到了另一个问题：一些单词序列会有多个语法允许的结构。机器翻译的先驱安东尼·欧廷格（Anthony Oettinger）曾举了一个著名的例子：*Time flies like an arrow.*（光阴似箭／时间飞逝得像箭一样快。）作为隐喻地表达时间流逝得非常快的一种方式，这句话中的 *time*（时间）被标记为名词，而 *flies*（飞）被标记为动词；作为对"时间苍蝇"（time flies）这种虚构生物的偏好的陈述，这个句子中的 *flies*（苍蝇）是复数名词，*time*（时间）是修饰语，而 *like*（喜欢）则是动词。图 2a 和图 2b 显示了它们之间的不同。

一个高效的解析器需要与能够计算可能性大小的数据库相匹配，以便猜测哪些结构和意义与这串模糊的字符串最相近。另一种方法是掌握这个世界的所有信息和分析方法。人类确实可以做到，但要用机器建模来做到这一点，恐怕比依赖分析单词序列的可能性大小的方法困难得多（只有以后的研究结果才能表明我的判断是否正确）。

通过猜测，我们会发现图 2a 的解释更加合理，因为世上并没有一种叫作时间苍蝇的动物；箭通常是飞速前进的；*like an arraw*（像箭一样）是一种比喻，代指速

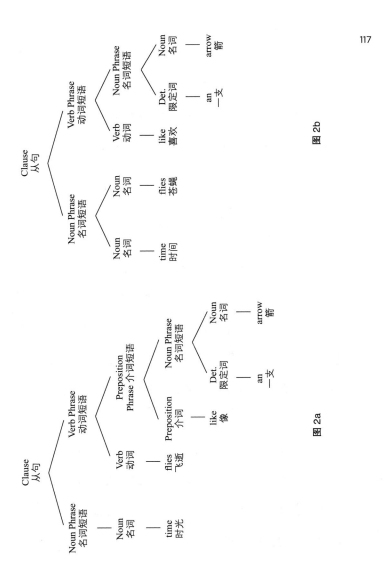

图 2a   图 2b

度极快；有时时间会被概念化为我们身边一经而过；等等。同样，（正如欧廷格所说）*Fruit flies like a banana* 也具有两种可能的解释结构，但第二种 [*Fruit flies*（果蝇）作名词短语，*like* 作动词，表示"喜欢"] 更合理。（他还指出，*Time flies like an arrow* 还有第三种结构和含义。我就把它留给你去解谜吧。）

处理完语法后，计算机必须根据语法分析器给出的语法结构，对最有可能的字面意义进行清晰的描述。这就又有另一个理论上的难题，涉及多个未能解决的问题。[我随便举一个例子说明一下。*I ate the enormous banana*（我吃了那个巨大的香蕉）的意思是，我吃了一个独特的香蕉，你可以通过其巨大的（enormous）尺寸来识别。但是，*I ate the occasional banana*（我偶尔吃了香蕉）则完全不同。这句话的意思并不是，我吃了一个独特的香蕉，你可以通过其偶尔的（occasional）特征来识别。这句话的意思是，我有时会吃香蕉。这究竟是怎么回事？在语义学中，有成千上万个这样的难题等待着我们。]

之后，计算机程序必须将字面意义同先前的对话内容进行比对，计算出在现有语境下相关度较高的结果。这就是语用学，或许是整个任务中最难的部分。人类在这一方面表现得非常机智，一直都在努力锻炼这项技能。对人们而言，这似乎只是"常识"。没有这种常识，你甚至无法回答专有名词在句中代指何物这种简单问题。假设某人给快递公司的工作人员打电话时说：

I was in the shower when your delivery man tried to deliver a package to my flat yesterday. Can I have it delivered tomorrow?（昨天你们公司的送货员打算把包裹送到我的公寓时，我正在沐浴。可以明天把它送过来吗？）

你立刻就能明白 *it*（它）指的是包裹，而不是我的公寓（虽然 *my flat* 是代词之前距离最近的名词短语），也不是沐浴（虽然 *the shower* 是主句里的一个明显的名词短语，而不是附属从句 *your delivery man tried to deliver a package to my flat yesterday* 中的名词）。但是，如果代词 *it* 的意思仅仅是"刚刚提及或暗指的非人类实体"，那么计算机如何才能找到它所指代的东西呢？

一旦完全理解了用户提出的问题，我们就会向进入关键步骤，即到被数据库工作人员称为"后台"（the back end）的地方去寻求答案。基于上下文所传递的句子含义，并去除所有模糊的表达后，剩下的一些结果才能成为数据库中的合理答案。这个过程也许比较复杂，但假设我们能在系统里找到这个答案并将它呈现出来，这样我们就可以推进至用户期盼的最后一步：用英语将答案表达出来。假设用户用英语向计算机提出这样的问题："现任的自然科学学院院长是谁？"（Who's the head of the College of Natural Sciences at the moment?）如果他得到的是如下所示的结果，他将会非常失望：

<EmpNo(849671-4),Keyname(Smith),Title(Prof),StartDate(20130701),EndDate(NULL),JobTitle(HeadCollNatSci),Forename(Mary)>(＜员工号（849671-4），密钥名（史密斯），职称（教授），起始日期（20130701），结束日期（空），职务（HeadCollNatSci），名（玛丽）＞)

如果它被表述为"这是玛丽·史密斯教授"（It's Professor Mary Smith），用户可能更容易接受一些。因此，语言学家和计算机科学家将需要编写一个程序，将信息传达给对话者，并组成一个句子，以适合上下文情景的合理方式表达出其含义。这将会是又一个极其困难的任务，涉及语言学中的所有内容，不仅包括语法和语义，还包括礼貌用语和语言的正式程度等语用问题。

通过剖析一个虚构的计算机问答系统，我们发现系统里的**每一步**都需要语言学专家的辅助。在让计算机学会英语（或任何其他书面语言）这一清晰可见而又至关重要的领域，我们会发现语言学的不可或缺。

结　论

在本书对语言学的简短概览中，我只能在小范围内讨论和说明用科学方法研究语言的重要性。我知道语言学家、心理语言学家、社会语言学家和计算语言学家参与了许多不同类型的实践项目：词典汇编、手稿解密、语音合成、法律语言说明、语言规划、自动文本摘要、品牌名称创造、司法语言分析、语言课程设计、机器翻译、电话应答系统对话设计、不成文语言的书写系统开发、失语症患者（由于脑损伤或疾病而语言使用能力受损的人）治疗……这份列表还可以一直写下去。

语言学的工作范围很广，从明显属于人文学科的子领域到描述性的社会科学，再到纯粹的科学研究。但最为重要的是，语言学的应用领域可以很快涵盖其研究范围的各个部分。例如，对于那些真实作者有争议的作品，通过仔细研究写作风格来确认作者，这种人文学科项目应该毫无疑问属于英语系的研究范围。但一位计算机科学系的计算语言学家，杜肯大学的帕特里克·乔欧拉（Patrick Juola），在2013年的研究中揭示出侦探小说作家罗伯特·加尔布雷思（Robert Galbraith）的真实身份实际上是J. K. 罗琳。

同样地，映射方言的地理位置仅仅是描述人文地理学（descriptive human geography）的研究领域之一，而如今这一研究有了新的应用。爱丁堡大学的西蒙·金（Simon King）教授将英国特定方言区的语音样本系统地存储起来，以便训练语音合成器发出带有地域特色的口音。这项研究旨在帮助患有运动神经元疾病的患者，当其言语肌肉无法工作时，还能继续用自己及其家人习惯的口音进行交流。

风格分析师、方言学家、语音学家和其他领域的语言学家通常不会为了发展实际应用而开展研究。他们只是想找到某些特定的事实。众所周知，纯理论研究与其应用之间的关系是非常难以预测的：青霉素、X射线、微波加热以及便利贴（黏性不强的）黏合剂都是碰巧被发现的，而发现它们的那些人一开始其实并没有在寻找这些东西。语言科学致力于研究语言，仅仅是因为语言非常有趣。然而，语言学家正在研究的是一种典型而独特的人类能力，这种能力与儿童早期发育、心智机能、社会生活的复杂性、法律制度的正常运转、语言教学以及许多其他事物密切相关。语言学的应用正在逐渐浮现，在我看来，我们目前只看到了它的冰山一角。

没有人会质疑语言在人类生活中所扮演的核心角色。因为语言如此重要，语言学对我们所有人而言都息息相关，也许比我们目前所认识到的方面还要多。

延伸阅读资料

第一章　是什么使我们成为人类

安布鲁斯·毕尔斯

参见《魔鬼词典》(*The Devil's Dictionary*, 1911) 的"人类"(Man) 条目，转引自：*The Enlarged Devil's Dictionary*, ed. by E.J. Hopkins (Victor Gollancz, 1967), p. 193.

10 万或 20 万年

Daniel Everett, *How Language Began: The Story of Humanity's Greatest Invention* (Profile Books, 2017). 该书认为更可能是 100 万年。

边境牧羊犬瑞可

Juliane Kaminski, Josep Call, and Julia Fischer, 'Word learning in a domestic dog: evidence for "fast mapping"', *Science* 304.5677 (11 June 2004), 1682–3, and, on pp. 1605–6 of the same issue, Paul

Bloom, 'Can a dog learn a word?'

7000 种语言

Raymond G. Gordon, Jr. (ed.), *Ethnologue: Languages of the World* (15th edition, SIL International, 2005). 参见：Stephen R. Anderson, *Languages: A Very Short Introduction* (Oxford University Press, 2012).

夏威夷语

Samuel H. Elbert and Mary Kawena Pukui, *Hawaiian Grammar* (University of Hawaii Press, 1979); Mary Kawena Pukui and Samuel H. Elbert, *Hawaiian Dictionary* (University of Hawaii Press, 1986).

语序的多样性

Desmond C. Derbyshire and Geoffrey K. Pullum, 'Object initial languages', *International Journal of American Linguistics* 47.3 (1981), 192–214.

第二章　句子是如何运作的
哈罗德·埃文斯

Harold Evans, *Do I Make Myself Clear?* (Little, Brown and Company, 2017), p. 3.

布洛卡的语法

William Bullokar, *Pamphlet for Grammar* (Henry Denham, 1586).

李利的语法

William Lily et al., *Rudimenta Grammatices* (Oxford, c. 1509).

美国语言学家

Charles C. Fries, *The Teaching of the English Language* (Thomas Nelson, 1927); Leonard Bloomfield, *Language* (Holt, 1933); Robert A. Hall Jr., *Leave Your Language Alone!* (Linguistica Press, 1950).

吸血鬼粉丝

Bram Stoker, *Dracula* (Archibald Constable and Company, 1897).

弄错数据

关于当代英语用法的数百个争议,这本书提供了优秀的指导:
Merriam-Webster's Dictionary of English Usage (Merriam-Webster, 1994).

缅因州案例

O'Connor v. Oakhurst Dairy, No.16-1901 (1st Cir. 2017). 参见:Jason Eisner's post 'Court fight over Oxford commas and asyndetic lists' on Language Log, 19 March 2017 (http://languagelog.ldc.upenn.edu/nll/?p=31653).

第三章 单词、含义和思想
不可译的单词
一个近期发布的列表（还有很多类似的文章），参见：Rocket Language Blog, 27 November 2016, by Andrea Reisenauer (https://www.rocketlanguages.com/blog/20-of-the-worlds-most-beautiful-untranslatable-words/).

规约含义
此处采用的是克里斯托弗·波茨（Christopher Potts）在 *The Logic of Conventional Implicatures* (Oxford University Press, 2005) 中阐释的概念。波茨在这本书里重新定义了此前由哲学家赫伯特·保罗·格莱斯（H. Paul Grice）提出的"规约含义"（*Studies in the Way of Words*, Harvard University Press, 1989）。

诽谤罪
Geoffrey K. Pullum, 'The linguistics of defamation' and 'Trenchmouth comes to Trumpington Street', Chapters 12 and 13 of my *The Great Eskimo Vocabulary Hoax and Other Irreverent Essays on the Study of Language* (University of Chicago Press, 1991), 92–99, 100–10. 参见：Roger Shuy, *The Language of Defamation Cases* (Oxford University Press, 2010).

爱斯基摩语

爱斯基摩语系包括4种尤皮克语[西伯利亚尤皮克语（Siberian Yupik）、中阿拉斯加尤皮克语（Central Alaskan Yupik）、纳乌坎尤皮克语（Naukan Yupik）和阿鲁提克语（Alutiiq）]和4种因纽特语[伊努皮克语（Inupiaq）、因纽维埃卢克顿语（Inuvialuktun）、伊努克提图特语（Inuktitut）和格陵兰语（Greenlandic or Kalaallisut）]。

劳拉·马丁

Laura Martin, '"Eskimo words for snow": a case study in the genesis and decay of an anthropological example', *American Anthropologist* 88.2 (1986), 418–23.

爱斯基摩"骗局"

Geoffrey K. Pullum, 'The great Eskimo vocabulary hoax': Chapter 19 of my *The Great Eskimo Vocabulary Hoax*, 159–71.

马克·塞登伯格论阅读

Mark Seidenberg, *Language at the Speed of Sight: How We Read, Why So Many Can't, and What Can Be Done About It* (Basic Books, 2017).

第四章 语言和社会生活
特雷沃恩·马丁和雷切尔·珍特尔

John R. Rickford and Sharese King, 'Language and linguistics on trial: hearing Rachel Jeantel (and other vernacular speakers) in the courtroom and beyond', *Language* 92.4 (2016), 948–88.

威廉·拉波夫论口语和阶级

William Labov, *The Social Stratification of English in New York City* (Center for Applied Linguistics, 1966).

威廉·拉波夫论 AAVE

William Labov, 'Contraction, deletion, and inherent variability in the English copula', *Language* 45.4 (1969), 715–76; 'The logic of nonstandard English', in *Language and Poverty: Perspectives on a Theme*, ed. by Frederick Williams (Markham, 1971), 153–89.

AAVE 的句法规则

Geoffrey K. Pullum, 'African American English is not standard English with mistakes', in *The Workings of Language: From Prescriptions to Perspectives*, ed. by Rebecca S. Wheeler (Praeger, 1999), 39–58.

W. 西德尼·艾伦论信任信息提供者

参见 W. 西德尼·艾伦 1957 年的就职演讲。W. Sidney Allen, 'On the linguistic study of languages', in *Five Inaugural Lectures*, ed. by Peter D. Strevens (Oxford University Press, 1966), 3–26; see pp. 18–19.

嫩贝语和卡拉巴里语

Hans Wolff, 'Intelligibility and inter-ethnic attitudes', *Anthropological Linguistics* 1.3 (1959): 34–41. Reprinted as Chapter 46 of *Language in Culture and Society*, ed. by Dell Hymes (Harper & Row, 1964), 440–5; see p. 442.

克利马和波鲁吉

关于爱德华·克利马和厄休拉·波鲁吉对手语所做研究的概览，参见：Edward Klima and Ursula Bellugi, *The Signs of Language* (Harvard University Press, 1979).

尼姆·齐姆斯基

与教大猩猩手语的失败尝试相关的英国纪录片《尼姆计划》（*Project Nim*，2011）尤其值得一看。

第五章 能够理解人类的机器

哈尔 9000 和戴夫·鲍曼

电影《2001 太空漫游》（*2001: A Space Odyssey*, 1968）由斯坦

利·库布里克（Stanley Kubrick）执导。小说由亚瑟·查尔斯·克拉克（Arthur C. Clarke）同步推出。

马克·斯蒂德曼

Mark Steedman, 'On becoming a discipline', *Computational Linguistics* 34 (2008), 137–44; see p. 143.

脸书聊天机器人

Kevin Maney, 'How Facebook's AI bots learned their own language and how to lie', *Newsweek*, 5 August 2017.

阿兰·图灵论智能

Alan Turing, 'Computing machinery and intelligence', *Mind* 90.236 (1950), 433–60.

约瑟夫·魏泽鲍姆和 ELIZA

Joseph Weizenbaum, 'ELIZA–a computer program for the study of natural language communication between man and machine', *Communications of the ACM*, 9.1 (1966), 36–45.

"时间苍蝇"的例子

Anthony G. Oettinger, 'The uses of computing in science', *Scientific American* 215.3 (1966), 160–75; see p. 168.

索 引

（页码为本书边码）

2001: A Space Odyssey (film and novel), 83–5, 129

A

adjective, 28, 43–4, 61–2

Africa, 2, 77

African American Vernacular English (AAVE), 66–9, 72, 72–4, 127–8

agreement, grammatical, 27

alarm calls, 6

Alexa, 85

algorithms, 84–5, 89, 92

Allen, W. Sidney, 75, 128

Allo (app), 85

alphabet, 17, 64, 80

AlphaGo (computer program), 111–12

ambiguity, 21, 60, 115

America, United States of, vii, 26, 30, 67, 72, 94–100

American Anthropologist (journal), 49

American Indian languages, 26

American Sign Language (ASL), 79–82

animals, 2, 4, 6

anthropology, 15, 48, 76

Apache, Plains, 9

apes *see* primates

aphasia, 64, 121–2

applications of research, 123

Arabic language, 70–1

Aramaic language, Galilean, 9

asyndetic coordination, 33–4

Australia, 9

authorship identification, 122

automatic text summarizing, 121

auxiliary verb, 73, 90

B

back end (database), 119

Bayes' theorem, 36–8

Belgium, 8

Bellugi, Ursula, 79, 128

Bible translation, 15

Bierce, Ambrose, 2, 124

birds, 24, 29

Bloom, Paul, 7, 124

Bowman, Dave, 83–4, 110, 129

brain, 13, 58–9, 63, 98, 121

brand name invention, 121

Brazil, 15–16

Bullokar, William, 22, 125

Bush, George W., 105

but, 42

C

Canada, 2, 48, 51

casual speech, 75

category (grammatical), 97

chainsaw safety, 22–3

chatbots, 90–2, 129

chemotherapy, 63

China, 94

clauses,

    interrogative, 95–6

    main, 119

    relative, 61, 98

    subordinate, 29, 81, 119

cognition, 20, 44

colour words, 56–7

communication, 4–5, 91

computational linguistics, 106, 114, 121

computers, 83–4, 98, 101–20

conjunction *see* coordinator

connotation, 43

constituent (syntactic), 97

constraints, grammatical, 24–5, 62

conventional implicature, 43, 126

conversational implicature, 45

coordination, 32–4

coordinator, 24–5, 33

copula (*be*), omission of, 72

Cornish language, 11

Cortana, 85

creole languages, 69, 82

Cretaceous period, 29

culture, 40, 48–9

D

damn, 42–3

Danish language, 42

data storage, 86

defamation, 45–6, 126

definite article, 61

dementia, 63

Denmark, 42

denotation, 41–3, 45

Derbyshire, Desmond C., 15–17, 125

dialects, 8, 52, 66–7, 69–71, 73, 75–7, 82, 122

dialogue design, 121

dictionary making, 121

dinosaurs, 29–30

DOCTOR (computer script), 109–10

dogs, 6

Doyle, Sir Arthur Conan, 25

Dracula, 27, 125

Dutch language, 8

dyslexia, 63

E

Easter eggs, 85–6

Edinburgh, University of, viii, 122

education, 23, 25, 30, 63–5

Eisner, Jason, 36, 126

Elbert, Samuel, 10, 125

electroencephalography, 59

ELIZA (computer program), 109–10, 113, 129

emotion, 5, 44

engineering, 103, 107

English language, 9, 18, 21–3, 25–6, 29, 30, 36, 39, 46, 52, 69, 73, 83, 114–15, 119–20

ENIAC (computer), 109

Eskimo vocabulary hoax, 49, 127

Eskimoan languages, 48–55, 127

ethnic slurs, 44

Eurasia, 2

Evans, Sir Harold, 19, 125

Everett, Daniel L., 124

evolution, 1, 37, 79

eye-tracking, 59

F

Facebook, 90, 129

fast mapping, 7, 124

First Circuit, US Court of Appeals, 32

Flemish language, 8

forensic linguistics, 121

French language, 13, 24, 47

G

Galbraith, Robert, 122

George III, 30

German language, 46

GitHub, 97

Gmail, 90

Go (game), 111

Google, 85, 87, 89–90, 92–5, 101

grammar, 19–30, 57–8, 69, 72, 84, 89, 120

grammaticality 24–5

Greek language, 18, 74–5

Guyana, 15

H

HAL (computer), 83–4, 110, 112–13, 129

Hawaii, 94

Hawaii, University of, 11

Hawaiian language, 10–11, 125

hearsay marker, 53–4

Hebrew language, 11

Hindi language, 8

Hixkaryana language, 15–17

Hungarian language, 73

hypotheses, 55–6

I

iconicity, 80–1

India, 8

inflection, 52–5, 74

influentiality ranking, 88

innuendo *see* conversational implicature

intelligibility, 76–8

interrogative clauses *see* clauses

Inuit language, 48, 127

Inuktitut language, 51, 127

iPhone, 85

Irish language, 11

Italian language, 8, 92

J

Japanese language, 92

Jeantel, Rachel, 66–8, 74, 127

Jesus, 9

jokes, 50

journalists, 91

Juola, Patrick, 122

K

Kalabari language, 77–8, 128

King, Sharese, 67, 127

King, Simon, 122

Klima, Edward, 79, 128

Koko (gorilla), 81–2

Kweyol language, Haitian, 69

L

Labov, William, 71–2, 127

language,

    change in, 21, 26–7

    definition of, 2–3

    diversity of, 12–17

    extinction, 9–12

    learning and teaching of, 12, 17, 48, 121

    low-prestige, 76

languages, number of, 8–9

Latin language, 18, 22

law, language and, 31–7, 45, 66–9, 121

learning disabilities, 63

libel *see* defamation

Lily, William, 22, 125

linguistics, 3, 7, 10–12, 20, 30, 36, 40, 51, 70–1, 78, 102–3, 107–8, 120, 121, 123

Linux, 110

M

Mac OS, 110

Madagascar, 14

Madison (Wisconsin), 64

Madrell, Ned, 11

main clauses *see* clauses

Maine, 31, 33, 35, 126

Malagasy language, 14

Manx language, 11

Martin, Laura, 48–9, 127

Martin, Trayvon, 66–7, 127

memory, 6, 120, 122

mental states, 83–4, 110

Merrill, Bob, 93

metaphor, 42, 115

metaphysics, 56

Mexico, 14, 95

Microsoft Word, 103, 105

Mind (philosophy journal), 108, 128

missionary work, 15

modifier (grammatical), 115

monkeys, 6

monotremes, 41

morphology, 13, 52–5

Morse code, 5

motor neurone disease, 122

N

natural language procssing, 101, 113

negation, 94

Nembe language, 77–8, 128

neurology, 64

neuroscience, 40

New Testament, 15

New York City, 71–2

New Zealand, 94

Newsweek, 91, 129

Ni'ihau, 10

Nim Chimpsky (chimpanzee), 81–2, 128

nonstandard dialects, 66–9, 75

North America, 9

noun, 28, 61–2, 97, 118

noun phrase, 97–8, 118

O

Oakhurst Dairy case, 31–5, 126

object (grammatical), 28, 81

Oettinger, Anthony, 115–16, 129

onomatopoeia, 81

OSV (Object–Subject–Verb) languages, 16

OVS (Object–Verb–Subject) languages, 13, 16

P

palaeontology, 29

parsing, 84, 115

Pennsylvania, University of, 71

perjury, 45

philosophy, 13–14, 40

phonetics, 5, 12, 122

phonics, 65

phonology, 13, 17, 19, 69, 80

physiotherapy, 64

postbases, 52–5

pragmatics, 5, 13, 20, 45–7, 58, 118, 120

prairie dogs, 6

preposition, 23, 27, 28

primates, 1, 81

probability, 37–8, 62, 115–6

processing (of sentences or utterances), 63, 84, 116

pronoun, 118

proofreading, 103, 108

psycholinguistics, 57, 59, 63–5, 121

psychology, 40, 76

Pukui, Margaret Kawena, 10, 125

punctuation, 32–5, 87, 126

Q

question-answering, 93

R

reading, 61, 64–5, 127

relative clauses *see* clauses

Rickford, John, 67, 127

Rico (border collie), 6–7, 124

robots, 84, 108

Romance languages, 8

Rowling, J.K., 122

rules, grammatical, 24–5, 27, 37, 62

Russian language, 73

S

Sadock, Jerry, viii

Sapir-Whorf hypothesis, 55–6

Scholastic Aptitude Test (SAT), 30

Scots language, 8

Seidenberg, Mark, 64–5, 127

semantics, 13, 17, 20, 41–7, 57–8, 62, 81, 115–16, 118, 120

sentence, 5, 19–20, 23, 58–60, 107

sign languages, 79–82

Siri, 85

size adjectives, 43–4

slips of the tongue, 75

smartphones, 84–6

snow, words for, 48–52, 54–5

social class, 72

sociolinguistics, 71–8, 121

South America, 9, 15

SOV (Subject–Object–Verb) languages, 13, 21

Spanish language, 69, 92

speech recognition, 84

speech sounds, 5, 12, 17, 58, 64

speech synthesis, 121–2

speech therapy, 64

spelling, 80, 89, 104, 106

standard English, 69, 74

Stanford University, 67

Star Trek, 47

statistics, 85–6, 89

Steedman, Mark, viii, 87, 129

Streisand, Barbra, 93

style, 122

Styne, Jule, 93

subject (grammatical), 28, 81, 90

subordinate clauses *see* clauses

Summer Institute of Linguistics, 15

SVO (Subject–Verb–Object) languages, 13–14, 17, 21

Swedish language, 42

syndetic coordination, 33–5

syntax, 13, 14, 16, 20, 29, 36

T

tagging, 114

testability, 56

therapy, 63, 109

thought, 3–5, 17, 40, 44, 58

translating and interpreting, 39–47, 69, 81

tree diagram, 97–8, 111

truth conditions, 41–2

Tunisian language, 70–1, 76

Turing, Alan, 108, 129

Tzotzil language, 14

U

understanding sentences, 85–90

United Kingdom, 122

University College London, 14

Unix, 110

Urdu language, 8

URL (Uniform Resource Locator), 87, 95

Utah, 30

Uzbekistan, 89

V

verb, 55, 62, 81

verb phrase, 97

Vienna, 49

vocabulary size, 51

VOS (Verb–Object–Subject) languages, 13

VSO (Verb–Subject–Object) languages, 13

W

Wall Street Journal, 106

Washoe (chimpanzee), 81–2

Weizenbaum, Joseph, 109, 129

Wells, H.G., 25

Welsh language, 11

West Greenlandic Inuit language (Kalaallisut), 51–5, 127

Wheeler, Rebecca, viii, 128

Wilde, Oscar, 103

Wisconsin, University of, 64

Wolff, Hans, 77, 128

word processing, 103, 105, 107–8

words, 19–20, 57–8, 60, 115

words, untranslatable, 39–47, 126

writing systems, 17, 64, 80, 121

Wycliffe Bible Translators, 15

Y

York, University of, viii

Yupik language, 48, 127

Z

Zambia, 94

Zimmerman, George, 67

zoology, 1, 29